面倒な日にこそ、背中をおすレシピ

ちょっと作ってみたくなる

大人のかしこい手抜きごはん

奥薗壽子

Gakken

はじめに

家庭料理研究家、60歳を目前にして悩む、悩む、悩む。

やる気が出ないとき、何を作って食べればいいのか。

料理研究家が、そんなことで悩むのか!? と思うでしょ? 恥ずかしながら、悩むんですよ。

一応、家庭料理研究家を30年近くやってきて、仕事でも料理を作り、家族のためにも料理を作り続けてきたわけでして、料理を作りたくない、なんてほとんど思ったことがありませんでした。

ところが、50代に突入した頃から、少しずつ変わってきたんです。ときどき、心の中に〝めんどくさいな〟という気持ちが生まれるようになりました。たぶん、体力や気力が少しずつ落ちてきたことや、子育てが一段落して張り合いがなくなったこととか、一人でごはんを食べることが多くなったこととか、いろんな原因があったと思うのですが……。いずれにしても自分でもびっくり。もともと私は、シンプルな料理が一番と思っていて、手のかからない料理ばかりを作ってきたので、そもそも、めんどくさいことなんてほとんどやっていないのですから。

それなら、思い切って、いろんなことをやめて、料理をやめちゃえばどうなるんだろうと考えたんです。でも、そういう単純な話でもないんです。

手はかけたくないけれど、体にいいものは食べたい。例えば、野菜はしっかり食べたいとか、健康長寿のためには、たんぱく質をしっかりとらなきゃいけないとか。これから人生の後半、まだまだ楽しいことはたくさんあるし、やってみたいこともたくさんある。そのために、何といっても健康は大事。ときに、出来合いのお惣菜も、外食もありだとは思うけれど、最終的に自分の健康を守るのは、やっぱり家庭で作る料理だと、そこはどうしても譲れない。

ならば、作るしかありません!!　そして、どうせ作るなら、楽しく、おいしく作りたい!!

で、思ったんです。本当は気持ちの問題じゃないかって。ほんのちょっと考え方や、やり方を工夫したら、本当は、そんなに大変なことじゃないのかもって。もちろん、めんどくさいことを全部なしにするのは難し

いけれど、ほんのちょっと気持ちを切り替えられたら、意外に楽しくなってきたりする。実際問題、私自身、そうやって日々料理を作ってきたのでした。

食べるために生きるのか、生きるために食べるのか、どちらか一方を選択するのではなく、どちらも欲張りに手に入れたい。でも時間には限りがあるし、体力や気力も、どんどん落ちていく。今までどおりのやり方では、だんだんしんどくなってくる。やりたいことも、おいしいものを食べることもあきらめたくない。

ほんの少し頭を使って、気持ちを切り替えることができれば、めんどくさいは、わくわくに変わり、いやだったことが楽しくなる。最後は、私ってすごくない？って自分で自分を褒められるようになる。

そんなにうまくいく？って思うでしょ。

はい、私が実践していることを、この本の中にまとめてみました。ヒントになることが、きっと見つかるはずです。あとは実践あるのみ!!

奥薗壽子

目次

本書のレシピの表記について
・大さじ１は15mℓ、小さじは５mℓ、１カップは200mℓです。
・電子レンジの加熱時間は、600Wの場合の目安です。500Wなら、1.2倍を目安に調整してください。
・火かげんは、特に説明がないものは、中火で調理しています。

こんなときもあるけれど……

背中をおす4つのきっかけ

1

料理をするにも

やる気が出ない……

P14～

小さな達成感を味わう！

毎日の食事作り。どんなに料理好きでも、やる気の出ないときがあるものです。

それでも、おいしく食べたい！　家族の笑顔が見たい！　それなら、何も考えずに、野菜を洗う、手でちぎる、グリルに入れる、レンジでチンする……。一見手抜きと思われそうなことから始めて、おいしそうな一品ができあがると、小さな達成感が得られます。この一品から始めてみると意外と手が動くもの。こんな一品だけの日があってもいいと思います。

2

料理をするにも

ただただ疲れた……

P28～

すっきり感でストレス解消！

台所仕事、決して嫌いじゃないけど、今日は疲れて台所に立ちたくない……。

そんなときに、疲れが取れたり、ストレスが解消される料理があるんです。にわかには信じられないかもしれませんが、煮込んでいる間に休んだり、きゅうりを思いきりたたいてスッキリしたり、はんぺんをもみもみして癒やされたり。

あれもこれも試してみたくなる「奥薗流・疲れが吹っ飛ぶレシピ」を紹介します。

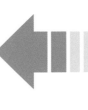

3

料理をするにも
時間がない……

P56~

手間を減らしても満足感は得る！

1日は24時間。家事をする、仕事もある、趣味の時間だって欲しい。ほかにも、あれもこれもやらねばならないことはたくさんある……。でも、どんなに忙しくても、おいしく食べたいし、できれば体にいいものが食べたい。

そんなときに、手間を減らして短時間で作るアイデアやレシピを知っていれば、台所に立つ時間を短くしてゆっくりごはんを食べることができます。

一人の時間にもぴったりなものから、簡単なのに家族も喜ぶものまで、ひと工夫で満足感も倍増します。

4

料理をするにも

何も思い浮かばない……

P90～

困ったときの○○頼み！　を決めておく

「食べたいもの」と「作りたいもの」と「作れるもの」との間には、見えない高い壁が立ちはだかっているのです。（本文より）

そのうえ、気分がのらないから、何を作っていいのか、まったく思い浮かばない……。そんなときに背中をおしてくれるのは、その家の定番料理。それがいくつかあれば、「食べたいもの」と「作りたいもの」と「作れるもの」がぴったり一致します。「奥薗家のレシピたち」がヒントをくれるはず。

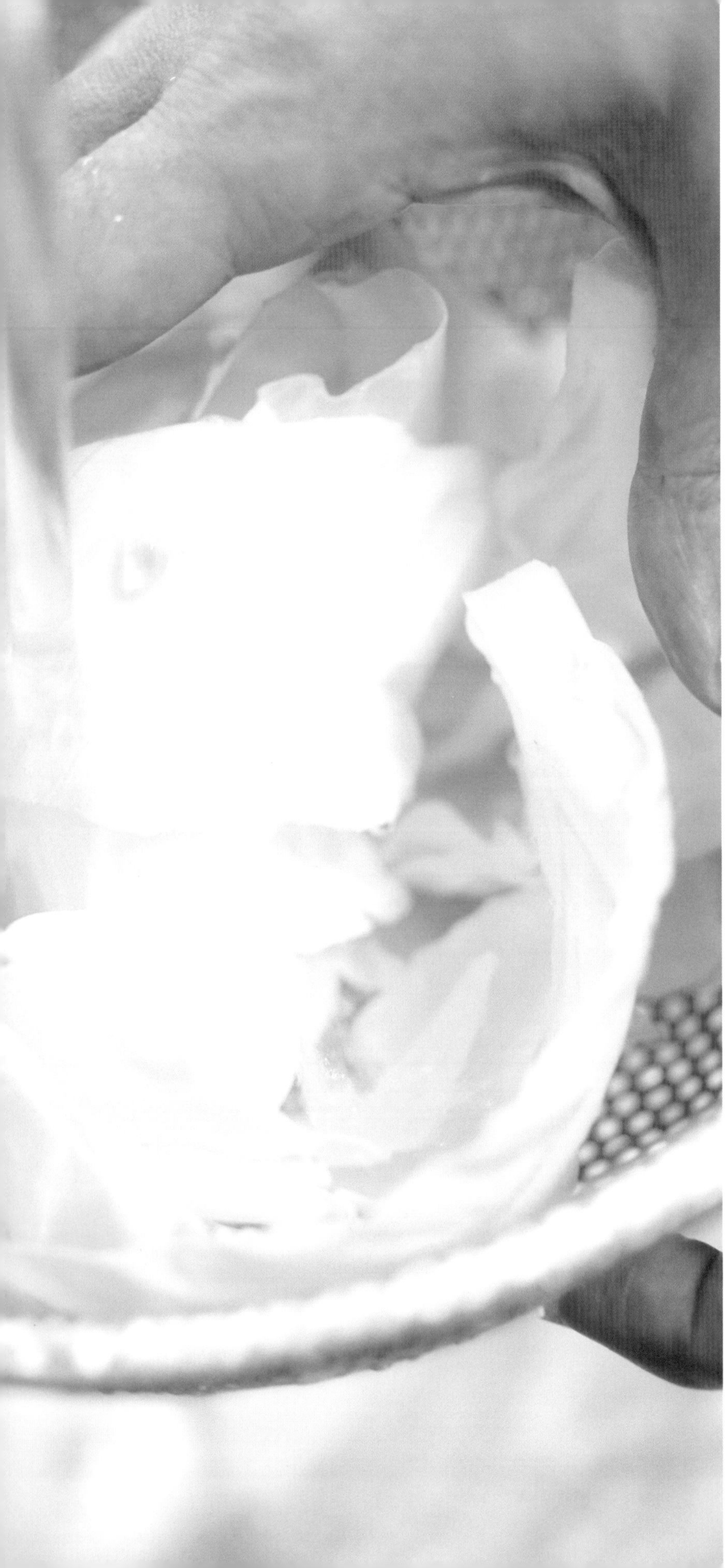

第1章

やる気の出ないときこそ、作ってみたくなるレシピ

何も考えずに体を動かせば小さな達成感が得られる

キッチンに立っても、まったくやる気が出ない。やる気はないのに、とりあえず料理を作らなきゃと思い、頭であれをこうして、あれをやってと段取りを考えるんだけれど、ますます体は動かなくなり、どんどん気持ちが重くなっていく。これ、料理あるある。

そういうとき、おすすめなのは、何も考えずに体を動かすことです。とりあえず、冷蔵庫から使えそうな野菜を出してみる。出したら洗ってみる……みたいなこと。「何も考えずに体を動かす」ここがとっても大事なところ。考えないほうが、最初の一歩が踏み出しやすいから。とりあえず動いてみる。それが最初のステップ。

でもね、この小さな一歩を踏み出したところで、やる気が出るかといえばそうじゃない。一歩踏み出したあと、もうひとつ背中をおしてくれる何かが必要なんです。それが〝小さなゴール〟です。目の前にゴールが見えたら、もう少しだけ頑張ってみようって思えるでしょ？

じゃあ、その小さなゴールって何か？それは、簡単な料理を小さく完成させることなんです。切って並べただけのものとか、何かをあえただけのものとか。そういう簡単なもの。ほとんど手がかかっていない一品でも、できあがると、ちょっとうれしくなるものです。うれしくなって、小さくよっしゃーって思えるんです。この小さな達成感が大事なんですね。ちょっとしたものでも一品できあがると、不思議なことに、もやもやっとしていた気持ちが、少し軽くなるの。ウソみたいだけれどホントよ。

これって、何かと似ていると思いません？　そう、お片づけ。

いきなりクローゼットの中を片づけようと思っても、思えば思うほど、体が動かなくなる。そんなときは、とりあえず食卓の上を整理してみたり、ソファーに散らかった雑誌を束ねてみたり。ちゃちゃっとやってきれいになって、小さな達成感を感じたら、もう少し、別のところも片づけようかな……なんて、やる気スイッチが入ること、誰にでも経験があると思うんです。まさにそれと同じ。

この章では、とりあえず、食材を取り出して、洗ったり、切ったり、並べたりするだけで完成しちゃうような、やる気のきっかけを作ってくれるレシピを紹介しますね。まずは、だまされたと思ってやってみて。ほら、ちょっと作ってみたくなってきた。

とりあえず、ある野菜を切って並べる、切るだけのサラダ

きちんと盛ったサラダより モリモリ食べられる

とりあえず、生で食べられる野菜を取り出す。洗う、切る、お皿に並べる、以上。

これ、私がやる気のないときに作るお助け料理。名付けて〝手づかみサラダ〟!!　冷蔵庫を開けて、野菜を取り出したら、あとは何にも考えなくても、できあがります。味つけは各自、自分の好きなものをつけながら手づかみで食べるんです。手づかみはいいですよ、楽しくて、手からも味が出る、ホント。きちんと盛ったサラダよりも、モリモリたくさん食べられます。

あっ！　ただし、手は必ずキレイに洗ってくださいね。

手づかみサラダ

**いつもと違う野菜も切って並べて、
それぞれお好みソースで**

材料と切り方（それぞれ分量、お好みの量）

きゅうり……食べやすい長さに切り、縦半分に切る
大根……薄い半月切り
にんじん……長めの乱切り
かぶ……くし切り
キャベツ……大きくザク切り

ソースバリエーション（分量、各適量）

みそマヨ……みそ、マヨネーズ
梅マヨ……梅干し、マヨネーズ
ごま油塩……ごま油、塩
ソースマヨ……ソース、マヨネーズ

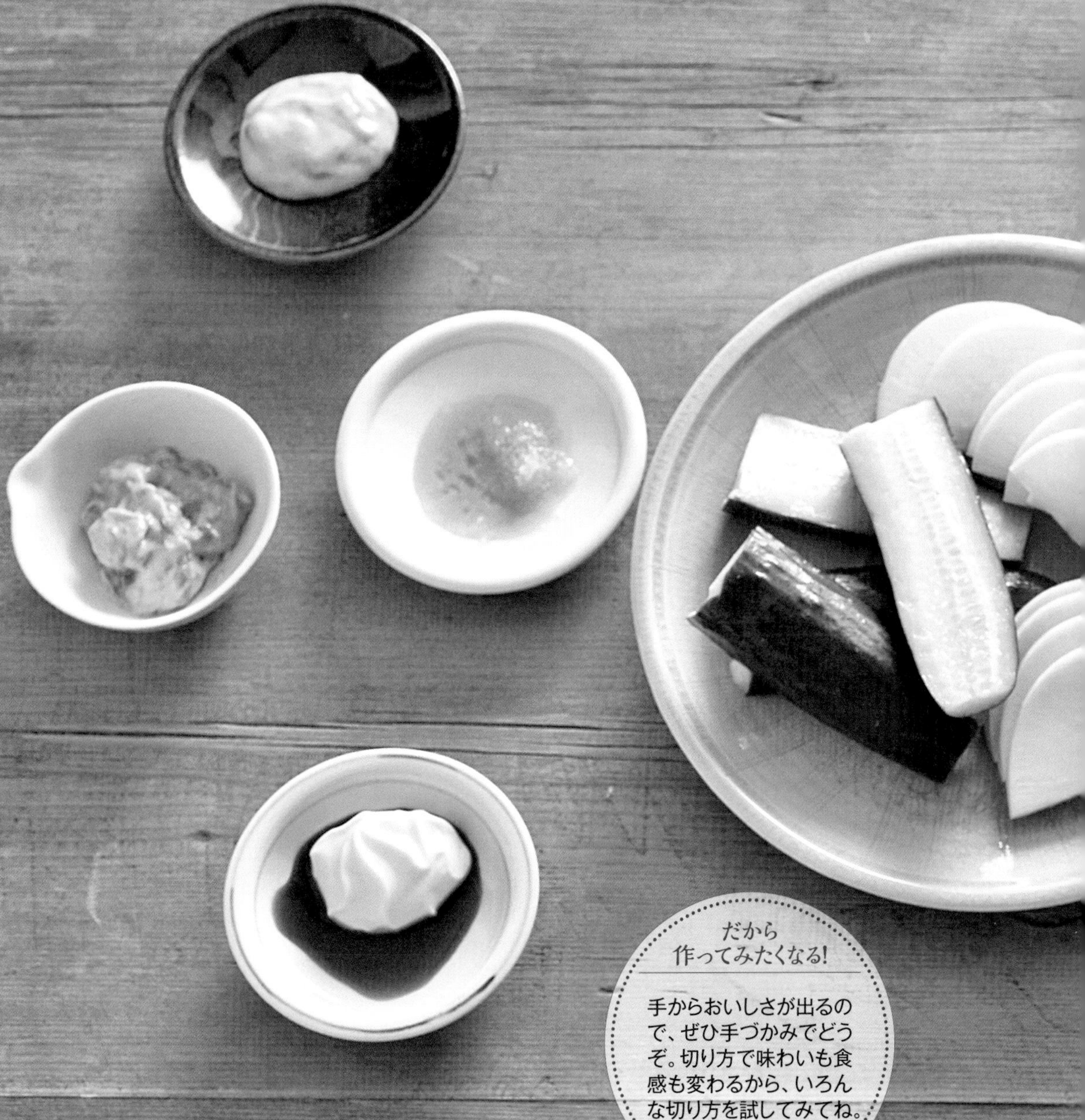

だから
作ってみたくなる!

手からおいしさが出るので、ぜひ手づかみでどうぞ。切り方で味わいも食感も変わるから、いろんな切り方を試してみてね。

グリルにまかせて、ほうり込むだけ

がっつり野菜を食べたいとき ホイルに包んでグリルにイン

とりあえず、野菜料理が一品あればと思うんです。メインのおかずは、お刺し身とか、から揚げとか、買ってきたものでも何とかなる。欲しいのは野菜です。野菜サラダもいいですが、もっとがっつり野菜を食べたいとき、私は、とりあえず野菜をアルミホイルに包んで魚焼きグリルに入れちゃう。時間がかかる根菜類も、この手を使えばほったらかしでやわらかくなるし、香りや栄養が逃げないので、味も濃くておいしい！

煮ものを作れない日も、これで大丈夫。

にんじんのホイル焼き

**こんなに甘かった？
にんじんの新しいおいしさとの出会い**

材料（2人分）

にんじん（乱切り）……1本

A
- みそ……大さじ1/2
- しょうが（すりおろし）……1かけ
- オリーブ油……適量

作り方

1 にんじんはアルミホイルの上で、Aをからめて包む。

2 魚焼きグリルに入れ、中火で10〜15分ほど焼く。

だから作ってみたくなる！

にんじんだけで作れる料理ってなかなかないから、にんじんを食べたいときはこれ。煮たものともチンしたものとも全然違うおいしさです。

長ねぎのホイル焼き

長ねぎの旨みがあふれ出す!
とろとろのおいしさをシンプルに味わう

だから
作ってみたくなる!

とろっとろでとにかく甘い。一人で1本ペロリと食べられます。青いところも全部食べてください。ビタミン&ミネラルがたっぷりとれます。

材料(2人分)

長ねぎ(ぶつ切り)……1本

A ┌ 塩……少々
　 └ オリーブ油……適量

かつお節、ポン酢しょうゆ……お好みで

作り方

1 長ねぎはアルミホイルの上で、Aをからめて包む。
2 魚焼きグリルに入れ、中火で10~15分ほど焼く。
3 お好みで、かつお節とポン酢しょうゆをかける。

だから
作ってみたくなる!

煮ていないのに、まるで煮もののような味わい。じゃこの旨みがしっかりしみて、大根自体の味も濃くなる。まさにグリルマジック。

だから
作ってみたくなる!

皮をむかず、水にさらさないのがコツ。花粉症予防効果があると言われているレンコンポリフェノールが、ばっちりとれます。

大根のホイル焼き

ちりめんじゃこの塩けがほんのりきいて、
あっさり上品な煮もののよう

材料(2人分)

大根(乱切り)……5cmくらい(約200g)

A ┌ 塩……小さじ1/4
　 └ オリーブ油……適量

ちりめんじゃこ……10g

作り方

1 大根はアルミホイルの上で、Aをからめ、ちりめんじゃこと混ぜて包む。
2 魚焼きグリルに入れ、中火で10~15分ほど焼く。

れんこんのホイル焼き

皮つきのままザクザク切るだけ超簡単。
れんこんの水分だけでほっこり、もちもちに

材料(2人分)

れんこん(縦に食べやすく切る)……1節

A ┌ 塩……小さじ1/4
　 └ オリーブ油……適量

塩、粗びき黒こしょう……お好みで

作り方

1 れんこんはアルミホイルの上で、Aをからめて包む。
2 魚焼きグリルに入れ、中火で10~15分ほど焼く。
3 お好みで、塩とこしょうをふる。

袋に入れてもみもみ&シャカシャカ

ほったらかしておけば勝手においしくなってくれる

切った野菜と調味料をポリ袋に入れ、もみもみしたり、シャカシャカしたりするだけの即席漬物を私はよく作ります。漬物といっても、自分で作れば味の調節ができるので、サラダ感覚でモリモリ食べられるのがいいんです。しかも、とりあえず、もみもみ、シャカシャカしちゃえば、あとはほったらかしで味がなじんでおいしくなる。この待ち時間がポイントね。勝手においしくなるので、その間にもう一品作っちゃおうかなっていう気になるから不思議。

だから作ってみたくなる!

シャカシャカ後、ふわっと口を縛って冷蔵庫へ。しんなりしますがシャキシャキ感はなくならず、かさが減るのでサラダよりたくさん食べられます。

1　レタス、しょうゆ、ごま油を入れてシャカシャカふる

2　かつお節を加えてシャカシャカふる

レタスシャカシャカ

レタスの半分はサラダに、もう半分はシャカシャカして漬物にするとおいしさ2倍

材料（2人分）

レタス（手でちぎる）……1/4玉

A ┌ しょうゆ……大さじ1
　 └ ごま油……大さじ1

かつお節……1パック（4g）

作り方

1　レタスはポリ袋に入れ、Aも入れて袋の口を持ちシャカシャカとふる。

2　かつお節も加えて混ぜる。

だから
作ってみたくなる!

レモンの酸味が決め手。じっくり発酵させた味わいに。レモン汁がないときは酢で代用可。きゅうり、にんじん、キャベツでも同様に作れます。

大根のレモン塩こうじ漬け

**ぽりぽりした食感と、レモンの
さっぱり風味&塩こうじのコクが楽しめる**

材料(2人分)

大根(棒状に切る)……300g
塩こうじ……大さじ3
レモン汁……適量

作り方

1 大根と塩こうじをポリ袋に入れて、軽くもむ。
2 少ししんなりしたら、レモン汁を混ぜ、口を縛って食べる直前まで冷蔵庫に入れる。

だから
作ってみたくなる!

きゅうりは、ところどころ皮をむいておくと、短時間で味がしみ込みます。乱切りにしたきゅうりの食感が病みつきに。

きゅうりのからし漬け

**ささっとひと工夫するだけで早く漬かり、
食感にもリズムが生まれる**

材料(2人分)

きゅうり……2本
塩……小さじ1/2
A ごま油……小さじ1
A 酢……小さじ1
A からし……小さじ1~2

作り方

1 きゅうりはピーラーでところどころ皮をむき、乱切りにしたらポリ袋に塩とともに入れ、袋の上からもみもみしてしばらく置いておく。
2 きゅうりがしんなりしたら、Aを加えて混ぜる。

レンジ頼りで一品

チンする具材は1種類だけ きのこ、豆苗、キャベツが定番

耐熱容器に材料を入れてチン。これのいいところは、レンジに入れてしまえば、勝手にスイッチが切れ、焦げつく心配がないところ。しかも、旨みやビタミン、ミネラルも丸ごと全部食べられるのもいいですね。ただし、チンする具材は1種類だけ。それが私のルールです。いろいろ混ぜると加熱時間が違うので加熱ムラができるし、ややこしいじゃないですか。きのこ、豆苗、キャベツは水が出ないし、レンジ加熱でぐっとおいしくなるので、我が家の定番です。

だから作ってみたくなる!

最初に塩とごま油を混ぜておくと、ワンランク上のおいしさに。ラップは豆苗にぴったりかぶせるようにすると、熱が上手にいきわたります。

豆苗レンジ蒸し

落としぶたならぬ〝落としラップ〟でチン。余分な水分はかつお節がしっかり吸収

器のフチではなく、豆苗の表面にぴったりラップをかぶせる〝落としラップ〟で加熱すると熱が効果的に伝わる

材料（2人分）

豆苗……1パック

A
- 塩……小さじ1/4
- しょうが（すりおろし）……1かけ
- ごま油……小さじ1

かつお節……1パック（4g）

いりごま……適量

しょうゆ……少々

作り方

1 豆苗は食べやすく切り、耐熱ボウルに入れ、Aを混ぜてラップをし、電子レンジ（600W）で2分加熱する。

2 かつお節といりごまを混ぜ、味を見てしょうゆで味を調える。

だから
作ってみたくなる!

梅干しは種ごとポン。レンジ加熱でやわらかくなり簡単につぶれ、そのまま混ぜれば種の周りの梅肉も無駄なく混ざります。わさびがいい仕事をします。

梅きのこ

梅×かつお節×わさびの〝和の三重奏〟がきのこの旨みと絶妙マッチ

材料(2人分)

しめじ……1パック
梅干し……1個
かつお節……1パック(4g)
わさび(お好みで)……小さじ1/2
しょうゆ……少々

作り方

1 しめじは小房に分け、梅干しと耐熱容器に入れてラップをし、電子レンジ(600W)で1分半加熱する。

2 梅干しをつぶして混ぜ、かつお節とわさびを加えて混ぜる。種を取り除き、味を見てしょうゆで味を調える。

だから
作ってみたくなる!

キャベツのレンジ加熱は、最初に塩をまぶすのがコツ。甘みが増してたくさん食べられます。カットわかめの代わりに、焼きのりでも。

キャベツのナムル

キャベツの甘みを味わうなら〝塩をしてチン〟。これに尽きます

材料(2人分)

キャベツ(ザク切り)……1/6個
塩……小さじ1/4
カットわかめ(水でもどす)……適量
ごま油……適量
しょうゆ……適量
いりごま……適量

作り方

1 キャベツと塩を耐熱容器に入れて混ぜ、ラップをして電子レンジ(600W)で2分加熱する。

2 カットわかめを水でもどし、水けをしぼる。

3 1にわかめとごま油を加えて混ぜ、しょうゆで味を調え、いりごまをかける。

汁ものさえあれば、どうにかなる

とりあえず水と煮干しを入れて火にかける。具材は自家製の冷凍野菜

とりあえず、鍋に水と煮干しを入れて火にかける。あとは、ありあわせの具材を入れ、5分くらい煮たら火を止める、以上。だし取りは不要。ほったらかしで勝手においしくなり、コンロが空くので料理の邪魔にもなりません。入れる具材は自家製の冷凍野菜があれば、切る手間もなく楽ちんです。乾物は入れるだけで旨みが出る優秀具材。温かくて野菜がたっぷり食べられる汁ものがあれば、気持ちがやさしくなれますね。とりあえず鍋に入れて火にかけるだけ、そのひと手間でできるんです。

余熱利用のみそ汁

余熱で具材に火を通すから煮すぎない!
食べる直前にみそを溶くので、風味も香りも抜群

1　鍋に水と煮干し、野菜入れて火にかける。沸騰したら弱火で5分煮て火を止め、余熱で火を通す

2　食べる直前に再加熱して、火を止め、みそを溶く

材料（2人分）

A［水……2カップ / 煮干し……ひとつまみ］

野菜ほか……適量

みそ……大さじ2

作り方

1　鍋にAと野菜を入れてふたをして火にかけ、沸騰したら弱火にして5分煮て火を止める。

2　再び火をつけて、沸騰したら火を止め、みそを溶く。

だから作ってみたくなる!

煮干しは頭もはらわたもつけたまま。あらかじめ浸けておかなくても大丈夫。そのまま具として食べればカルシウム補給になります。気になる方は盛りつけるときに取り除いて。

便利に使えるみそ汁の具

切り干し大根、のり、高野豆腐、
カットわかめ、とろろ昆布、かつお節

切り干し大根はさっと洗って、キッチンばさみで切って直接イン。高野豆腐はこまかく切ってあるのを買い置きしておけば便利です。カットわかめも直接イン。汁に塩味がつくのでみそは控えめにしてください。のりやとろろ昆布やかつお節は、器に盛ったあとに入れても。

冷凍しておくと便利な具材

しめじ、コーン、油揚げ、えのきだけ、
長ねぎ、にら、もやし

冷凍野菜があれば便利です。でも冷凍野菜を作るために頑張るのは本末転倒です。簡単に冷凍できて、冷凍するメリットがあるものがおすすめ。もやしは冷凍保存袋に移し替えるだけ。にらはザクザク切るだけ。どちらも冷蔵では日持ちがしないので、冷凍する価値ありです。油揚げも冷凍のほうが油の酸化が気になりません。ねぎも冷凍しておけば、少しだけ欲しいとき、重宝します。

プラスひと手間で、健康みそ汁

カレー粉、すりごま、しょうがなど

みそ汁をお椀に盛ったあと、ちょっとしたものをプラスするのがおすすめ。味わいや風味が変わり、薄味でもおいしく食べられるメリットもあります。

Column 1

野菜の皮はむく？　むかない？

皮つき野菜は本来の味を味わえて体にもいい

「私は、野菜の皮はむきません」

そう言うと、「玉ねぎは？」「里いもは？」と聞かれますが、いやいや、さすがにそれはむきます。むかないのは、大根とかにんじんとか食べても大丈夫な皮のもの。そもそも、野菜の皮をむかないのは、そのほうが野菜本来の風味や味をしっかり味わえるからなんです。しかも、抗酸化作用の強いポリフェノールは皮と実の間に豊富に含まれているので、食べたほうが体にいい。皮をむく手間もかからず、ごみも出ない。ほら、いいことずくめです。

むいた皮を細切りにしてきんぴらにしたり、こまかく刻んでチャーハンに入れたり、もちろんそんなふうにして食べるのもいいかと思いますが、むかずにそのまま食べたほうが、断然楽ちんです。

例外は大根おろしときゅうりの塩もみ。大根おろしにする場合、皮ごとおろすと辛くなりすぎるので、この場合はむいてすりおろし、むいた皮はせん切りにしてきんぴら（45ページ大根のおかずきんぴら）にしちゃいます。大根の皮のきんぴらは、歯ごたえが抜群にいいので、わざわざでも作りたくなるおいしさ。

きゅうりは、ところどころ皮をむくことで塩の浸透がよくなるので、塩もみのときはこのひと手間を。

「洗い物」から始めない！

小さな料理から始めて すき間時間にお片づけ

料理を作ろうとしたら、流しに洗い物が……。

まず、これをきれいにしないと料理が作れない。わかっちゃいるけど、みるみるやる気が失せていく。これ夕飯作りあるある。そういう場合、生活パターンを見直して、片づけながら料理しましょうとか、片づける時間を逆算して30分早起きしましょうとかって話になりますが、無理無理無理。言うのは簡単だけれど実行するのはかなり難しい。

そういうときはどうするか。とりあえず、料理から始めるんです。とりあえず鍋に水と煮干しを入れて火にかける（24ページ　余熱利用のみそ汁）。とりあえず野菜をチンする（22・23ページ　レンジ頼りで一品）。台所が散らかっていても、洗い物が桶に浸かっていても、これくらいならできるはず。で、小さな料理を作っている間にお片づけ。

みそ汁を火にかけたり、レンジでチンする数分を制限時間と考えて、その時間にばばばっと洗い物を済ませるの。時間を制限すると、意外に手際よくやれるから不思議です。しかも、ゲームみたいで楽しく、洗い物が終わったら一品できあがっている。ふふふ、なんてステキ。

もちろん時間内に片づけ終わらなくても、全然ＯＫ。でも確実に洗い物は早く片づき、その勢いで、もう一品料理しちゃおうって思える。ウソみたいだけれど、ホントです。

第2章

疲れているときこそ、作ってみたくなるレシピ

体の疲れか心の疲れかで作る料理を変えてみよう

疲れて、もうくたくた……。そんなとき、料理をする気になれないのは仕方ありません。無理に料理をしなくても、出来合いのものを買ってくるとか、外で食べるとか、そういう選択肢もありだと思うんです。でもね、それで元気回復できるならいいんだけれど、ラクしたはずなのにちっとも疲れが取れていなくて、逆に気持ちがもやっとしていることはありませんか？　もしそうなら、少しやり方を変えたほうがいいのかもって思うんです。

実は私自身、そんな失敗を何度も繰り返してきて、あるとき、疲れには2種類あることに気づいたんです。体の疲れと心の疲れ。一日中、休む間もなく動き回り、文字どおり体がくたくたに疲れているような場合と、何かいやなこととか、緊張することとかがあって、心が疲れている場合と。「今日は疲れたわ〜」っていっても、体と心と、どっちが疲れているかによって、作れる料理が違うんです。

例えば、体が疲れているときは、洗ったり、皮をむいたり、切ったりするような作業が少なく、ほったらかしでできあがるような料理がいいですね。炒めものは一見簡単に思いますが、ずーっとフライパンのそばで作業をするから、体が疲れているときは、煮込み料理のほうがおすすめ。加熱している間、ほっと一息ついて、体を休めることができるもの。

反対に、心が疲れているときは、体を使って作業をするのがおすすめ。余計なことをうだうだ考えず、一心不乱にせん切りしてみたり、ぐちゃっと手でつぶしてみたり、バンバンたたいて砕いてみたりしていると、心に刺さった小さなとげが上手に取れたりして、すっきり元気になったりするものです。

あと、せっかく頑張って作ったのに、味が決まらなかったり、家族の反応がいまいちだったりすると、どっと疲れが増したりするから、そういうときは、味つけを決めなくていい料理にしちゃう。食べるときに、好きなように味をつけながら食べるんです。この味は合うとか、これもいけるなどと言いながら食べるのは、結構楽しく、しかも味つけの失敗はありません。ウシシ、心の中でピースサイン。

きちんと食べることは大事ですが、いちばん大事なのは楽しく食べることだと思うんです。頑張らなくても大丈夫。「ああ〜おいしかった〜」って思えたら、きっと疲れの半分くらいはなくなっているはずですよ。

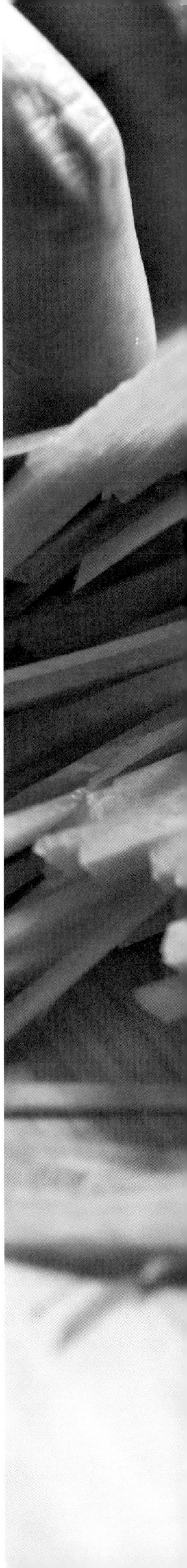

入れて煮るだけで完成の煮もの

鍋に材料を入れて あとはぼーっと心を空っぽに

疲れているとき、必要なのはほっとする時間です。ばたばたと座る間もなく料理すると、頭も心も切り替わらないから、疲れが何倍にもなる気がするんです。かといって、ひと休みしちゃうと、そこから料理をやり始める気力そのものがなくなる。だから、とりあえず、鍋に材料を入れるところまで頑張りましょう。タイマーをかけておけば、うっかり焦げつかせることもありません。あとは煮えるまで、ぼーっとして心を空っぽにして。ほら、料理は勝手においしくなり、疲れもトロトロやわらかくなっていきます。

豚バラと長ねぎのほっぽり煮

とろとろ弱火10分で主菜が完成。
くたっと煮えた長ねぎがおいしい

材料（2人分）

A
- 水……100ml
- 砂糖……大さじ1
- しょうゆ……大さじ2
- みりん……大さじ2

豚バラ薄切り肉（ひと口大）……150g
長ねぎ（ぶつ切り）……2本
七味とうがらし、粉山椒など……適量

作り方

1　Aを鍋に入れて火にかけ、沸騰したら豚肉を入れる。
2　豚肉の色が変わったら、長ねぎを上にのせてふたをする。
3　弱火で10分ほど煮たら、器に盛って七味とうがらし、粉山椒などをふる。

1　沸騰したら豚肉を入れる

2　豚肉の色が変わったら、ねぎを上にのせる

3　ふたをして弱火で10分煮る

だから
作ってみたくなる!

煮汁が少ないように思いますが、長ねぎから水が出るので大丈夫。ただし、ぴったり閉まるふたを。長ねぎは青いところも全部使ってね。

鶏手羽中のにんにく煮

**照りが出るまで煮つめていくと、
皮までとろとろ、何本でもつまめる！**

材料（2人分）

鶏手羽中（ハーフ）……400g
にんにく（薄切り）……1～2かけ

A
- 砂糖……大さじ2
- みりん……大さじ2
- しょうゆ……大さじ2
- 酢……大さじ2
- 水……100㎖

作り方

1 フライパンに鶏手羽中、にんにく、Aを入れ、ふたをして火にかける。

2 弱火で10分くらい煮たらふたを取り、煮汁がなくなるまで煮つめる。

**だから
作ってみたくなる!**

10分煮たらふたを開け、水分がほとんどなくなるまで、強火でが一っと煮つめてね。このひと手間で、つやよくおいしく仕上がります。

白菜とソーセージのトマト煮

鍋ひとつで、余った白菜が
一品で満足の洋風スープによみがえる

だから
作ってみたくなる!

ソーセージのトマト煮といえば、キャベツを合わせがちですが、とろりと煮えたトマト味の白菜は意外なおいしさです。

材料(2人分)

トマト水煮缶(ホールでもカットでも)……1缶

A
- ケチャップ……大さじ4
- 水……100mℓ

B
- ソーセージ(食べやすい大きさ)……6本
- 玉ねぎ(薄いくし切り)……1個
- 白菜(ザク切り)……1/8個

塩……小さじ1/4

しょうゆ……適量

粉チーズ……適量

粗びき黒こしょう……適量

作り方

1 鍋にトマト水煮缶を入れ、トマトをつぶしてから、Aを入れる。

2 Bのソーセージ、玉ねぎ、白菜を順に入れて最後に塩をふり、ふたをして弱火で煮る(10〜15分)。

3 全体にクタッとなったらしょうゆ少々で味を調えて器に盛り、粉チーズと粗びきこしょうをふる。

たたいてたたいて気持ちすっきり

あんなことも、こんなことも、粉々に砕いて食べてしまう

腹の立つこともある、イライラすることもある。そんな日は、バンバンたたいて、心のもやもやを砕いてしまうのがおすすめ。コノヤローコノヤロー。これが意外に楽しくて、意外にすっきりするものです。麺棒がなかったら、ラップの芯が最適です。アルミホイルの芯はやわらかすぎ、ワインの瓶は危ないのでNGね。

あんなこと、こんなこと、全部全部粉々に砕いて料理して食べてしまえば、何だか、勝ち誇ったような気持ちになります。

よっしゃー。

たたきれんこんの混ぜご飯

れんこんのふぞろいの食感が楽しく、
ベーコンとかつお節の旨みがたまらない

だから作ってみたくなる!

れんこんは皮つきのまま、バンバン思いっきりたたいてOK。砕け方によっていろんな食感が楽しめ、食べているときも楽しくなってきます。

れんこんは皮ごとたたいて砕く

材料（2人分）

れんこん……小1節（150gくらい）
ベーコン（短冊切り）……2～3枚（50g）
オリーブ油……適量
しょうゆ……大さじ2
かつお節……1パック（4g）
ご飯（温かいもの）……茶碗2杯
いりごま……適量

作り方

1. れんこんは皮をむかずにポリ袋に入れ、麺棒などでたたいて砕く。
2. フライパンにオリーブ油とベーコンを入れて炒める。1のれんこんも加えて炒め、透き通った感じになったらしょうゆを入れる。
3. れんこんにしょうゆがからんだら火を止めて、かつお節を混ぜる。
4. 3に温かいご飯を加えて混ぜ合わせ、器に盛ってごまをふる。

たたきれんこんのスープ

昆布のだしと、れんこんの自然なとろみがやさしく溶け合う食欲増進スープ

だから
作ってみたくなる!

たたいたれんこんをじっくり煮れば、ほくほく食感に。れんこんの旨みとでんぷんが溶け出したスープは、少しとろりとして極上のおいしさ。

材料（2人分）

A［水……400mℓ
　 昆布（1×10cmのもの）……1枚
豚肩ロース薄切り肉（ひと口大）……150g
塩……小さじ1/2
れんこん……小1節（150gくらい）
しょうゆ……少々
ごま油、こしょう……各適量
青ねぎ（小口切り）……適量

作り方

1　Aを鍋に入れて火にかける（昆布はキッチンばさみで細く切る）。
2　豚肉に塩をもみ込む。
3　れんこんは皮ごとポリ袋に入れ、麺棒などでたたいて砕く。
4　1が沸騰したら2の豚肉を入れ、肉の色が変わったられんこんも加え、ふたをして煮る。
5　味を見て足りないようならしょうゆを入れ、器に盛ってごま油とこしょうを入れ、青ねぎを散らす。

とろろ山かけサラダ

〝漬け〟にしてしっかり味がついたサーモンを、
シャリシャリ食感のドレッシングで

長いもは皮をむきポリ袋に入れてたたく

だから
作ってみたくなる!

たたいた長いもをサラダに混ぜると、ドレッシングが全体によくからみ、とろシャキの食感が絶妙です。

材料（2人分）

お刺し身サーモン……200g

A
- しょうゆ……大さじ1
- みりん……大さじ1
- 粒マスタード……大さじ1

長いも……200g

きゅうり……1本

レタス……適量

B
- ポン酢しょうゆ……大さじ1～2
- オリーブ油……大さじ1

作り方

1. サーモンは食べやすい大きさに切り、Aであえる。
2. 長いもは皮をむき、ポリ袋に入れて麺棒などでたたく。
3. きゅうりも別のポリ袋に入れてたたく。
4. 器にレタスを手でちぎって入れ、3のきゅうりを加え、その上に1のサーモンを漬け汁ごとのせる。
5. 2の長いもの袋の口を縛り、角を切って4の上にしぼり出す。
6. Bをかけ、食べるときに全体を混ぜる。

とろろチーズきのこ

チンした長いもとチーズが
絶妙のハーモニー

だから
作ってみたくなる!

とろろとチーズを混ぜてレンジ加熱すると、とろろがチーズみたいな食感になってチーズたっぷりな感じになります。ヘルシー!!

材料（2人分）

しめじ……1パック

かつお節……1パック（4g）

長いも……200g

ピザ用チーズ……適量

きざみのり……あれば

A
- しょうゆ……大さじ1
- みりん……大さじ1

作り方

1. しめじを小房に分け、耐熱容器に入れてかつお節を混ぜる。
2. 長いもの皮をむき、ポリ袋に入れて麺棒などでたたいて砕く。ピザ用チーズも袋に入れて混ぜる。
3. 2の袋の口を縛り、角を切り、1のしめじの上にしぼり出す。
4. ラップをして電子レンジ（600W）で4分加熱する。
5. きざみのりをのせ、Aを混ぜたたれをかける。

＊Aは市販の麺つゆでも

たたききゅうりのツナ梅マヨサラダ

ツナを入れておかず感アップ。
夏場のお弁当、酒の肴にも重宝します

だから
作ってみたくなる!

たたきすぎてきゅうりがこまかくなりすぎてもOK。サンドイッチの具にしたり、ご飯にのっけてのりで巻いて食べるのもおすすめ。

材料（2人分）
きゅうり……1本
梅干し……1個
ツナ缶（油漬け）……小1缶
マヨネーズ……大さじ1～2

作り方
1　きゅうりはポリ袋に入れ、麺棒などでたたいて砕く。
2　ボウルに、梅干しの果肉（種は取り除かない）をキッチンばさみで切りきざんでペースト状にし、缶汁を軽くきったツナとマヨネーズを混ぜる。
3　**2**に**1**のきゅうり加えて混ぜ合わせ、梅干しの種を取り除く。

だから
作ってみたくなる!

力いっぱいたたきすぎてきゅうりが粉々になってしまったら、きゅうりのたれみたいにして豆腐や麺にかけてもおいしいです。

きゅうりの中華漬け

もう一品欲しいとき、たたいてもんで
できあがり。思わず箸がすすみます

材料（2人分）
きゅうり……1本
塩……小さじ1/4
A［しょうゆ……適量
　 ごま油……適量
いりごま……適量

作り方
1　きゅうりはポリ袋に入れて麺棒などでたたき、塩で軽くもむ（時間があれば、このまま少し置く）。
2　**1**に**A**を混ぜる。
3　器に盛り、ごまをふる。

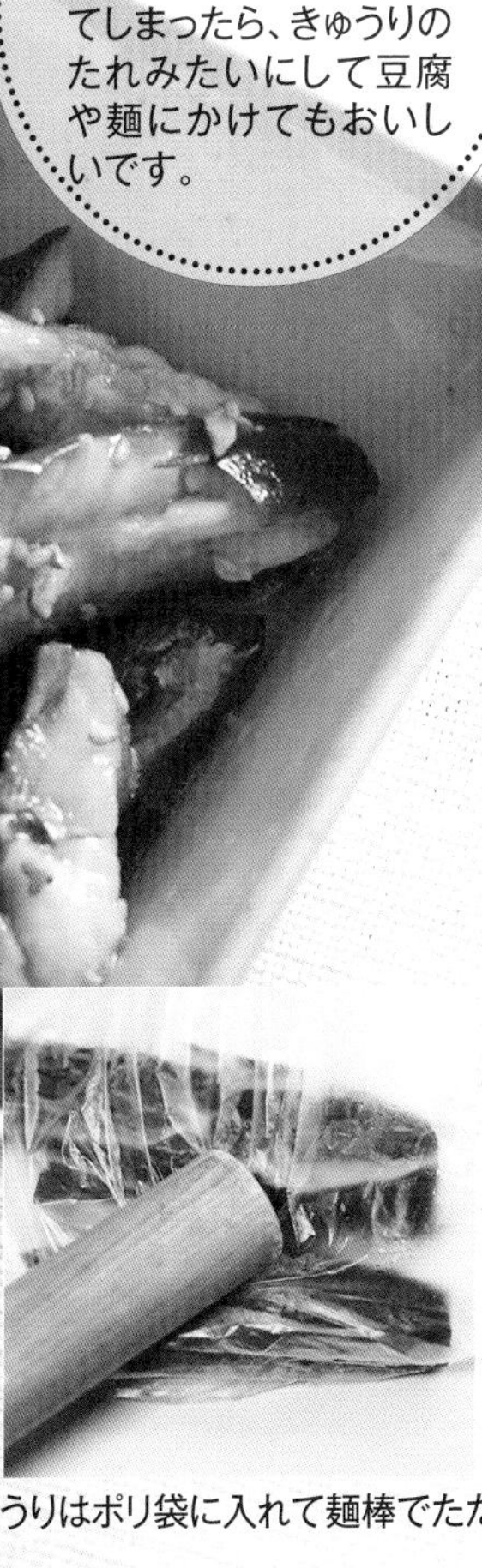

きゅうりはポリ袋に入れて麺棒でたたく

袋でもみもみ、癒やしの料理

はんぺんや厚揚げが心を癒やしてくれるとは……

　ポリ袋に入れて、袋の上から〝ぐにゅっ〟て握りつぶすんです。子どもの頃にやったら絶対叱られるやつ。

「食べ物で遊んではいけません!!」

　でもね、その背徳感がぞわぞわするの。いけないことって、なんでこんなに楽しいんでしょう。しかもムニュムニュした感触が、妙に心を癒やしてくれる。つぶし加減、つぶす時間、何にも決まりはありません、心ゆくまでご堪能ください。

　しかしまあ、はんぺんやら厚揚げに心癒やされる日がこようとは、子どもの頃は思ってもいなかった……。大人は疲れるのです。

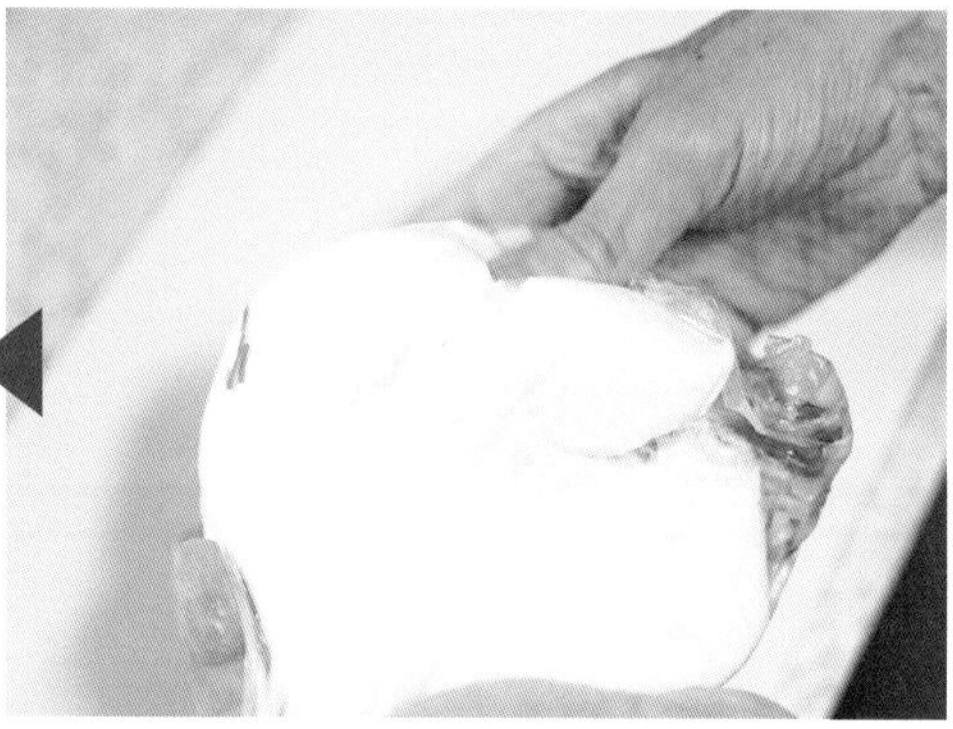

ポリ袋に長ねぎと塩を入れ、手でもんでしんなりしたらはんぺんを入れる

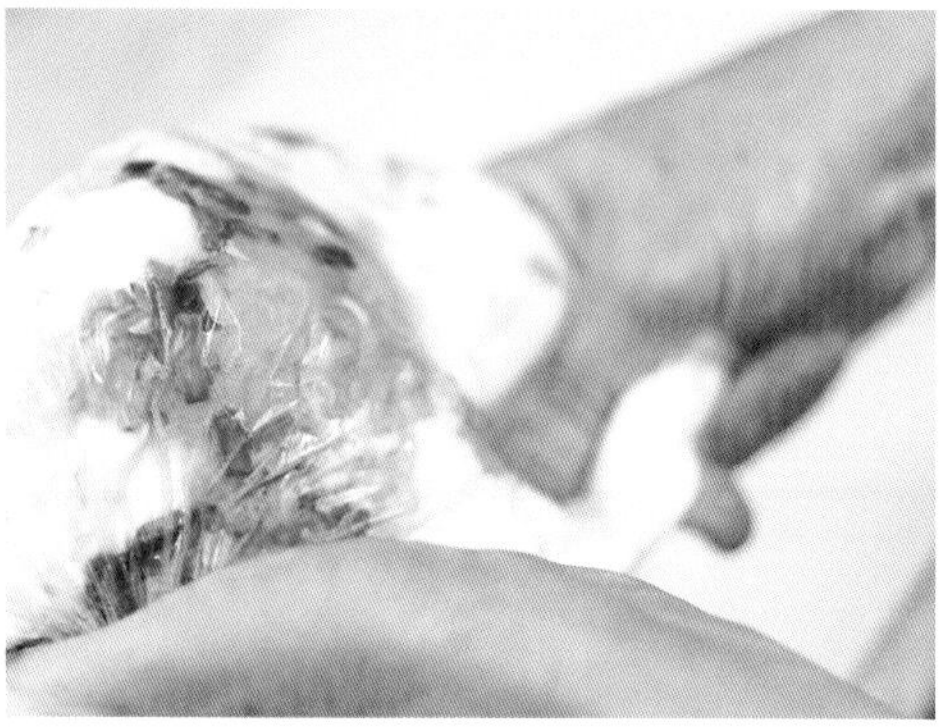

はんぺんをつぶしながら混ぜ、もみもみする

はんぺんのふわふわお好み焼き

粉もののお好み焼きとは対照的な、
軽くふ〜んわり食感。何枚でもいけそう

材料（2人分）

長ねぎ（小口切り）……1本
塩……小さじ1/4
はんぺん……1枚
卵……2個
ごま油……適量
お好み焼きソース、マヨネーズ、かつお節、青のり……適量

作り方

1 長ねぎと塩をポリ袋に入れて手でもんでしんなりしたら、はんぺんを入れてつぶして混ぜる。卵も加えてつぶして混ぜる。
2 フライパンを熱してごま油を入れ、1の袋の口を縛り、角を切ってしぼり出して大きく混ぜ、ふたをして蒸し焼きにする。
3 ひっくり返して、反対の面も焼く。
4 器に盛り、お好み焼きソース、マヨネーズ、かつお節、青のりをかける。

だから
作ってみたくなる!

はんぺんのつぶし具合はお好みで。ごろっとしたのが残っているのもおいしい。はんぺんと卵なので焼き上がりが早いのもいいところ。

くずし厚揚げのごま汁

**豆腐では出せない厚揚げのコクのある味わいと、
ごまの香ばしさに癒やされる**

材料（2人分）

厚揚げ……1丁（200g）

A
- 水……300㎖
- 昆布（1×10㎝のもの）……1枚
- 煮干し……ひとつまみ

長ねぎ（小口切り）……1/2本

みそ……大さじ2

しょうゆ……少々

すりごま……たっぷり

ごま油……適量

作り方

1 厚揚げをポリ袋に入れ、袋の上からもんで手でくずす。

2 Aを鍋に入れて火にかける（昆布はキッチンばさみで細く切る）。沸騰したら、1の厚揚げを入れ、長ねぎも加え、ふたをして煮る。

3 火を止め、みそを溶き入れ、味を見て足りないようならしょうゆで味を調える。

4 器に盛り、ごまとごま油をかける。

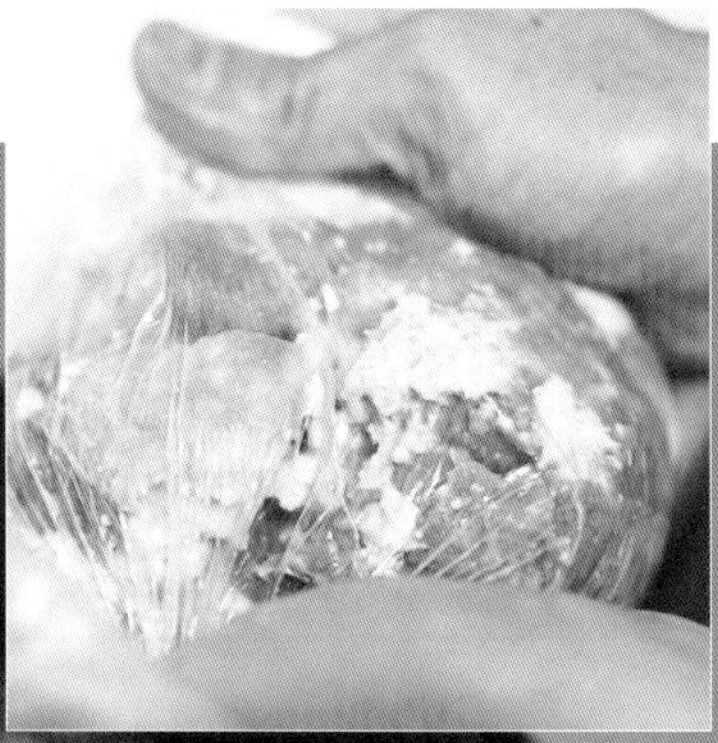

厚揚げをポリ袋に入れ、袋の上からもみもみしてくずす

**だから
作ってみたくなる!**

厚揚げを使うと、豆腐よりコクが出て食べ応えもアップ。しっかりご飯のおかずになるのがうれしいところ。

厚揚げハンバーグ

厚揚げの旨みがたっぷり。
こんがり焼いて大根おろしでさっぱりと

材料（2人分）

厚揚げ……1丁（200g）
片栗粉……大さじ1
A
- 豚ひき肉……150g
- 青ねぎ（小口切り）……適量
- しょうが（すりおろし）……1かけ
- しょうゆ……大さじ1

オリーブ油……適量
大根おろし……適量
しょうゆ、またはポン酢しょうゆ……お好みで

作り方

1 厚揚げをポリ袋に入れ、袋の上からもんでくずし、片栗粉を混ぜる。
2 1にAを入れてさらに混ぜる。
3 キッチンばさみで袋を切って広げ、その上で食べやすい大きさに丸める。
4 フライパンを熱してオリーブ油を入れ、3を両面こんがりと焼き、ふたをして蒸し焼きにする。
5 器に盛り、大根おろしを添え、お好みでしょうゆ、またはポン酢しょうゆをかける。

だから作ってみたくなる!

厚揚げなら、豆腐と違って水きりなしでOK。たっぷり食べてもヘルシー。ケチャップ&ウスターソースの定番ソースも合います。

もやしでスカッと潔く

切る手間いらずで200g たっぷり野菜が食べられる

疲れてくると、野菜不足が気になる今日この頃。〝野菜を食べなきゃ〟の呪縛を感じたら、もやしの出番です。切る手間なし！ 加熱も早い!! 1袋200g、たっぷり野菜が食べられる。一日30品目なんて気にしない。一点集中、もやしバンザイ！

あっ、もやしを洗うとき、私は袋の中に水を入れて洗い、角を切って水を流します。あとは使う直前までその辺に立てかけておけば水きりもOK。ざるも不要。こんなささやかなことで、心がシメシメってうれしくなって、ちょっと元気になったりするんです。

豚もやし蒸し

やわらかく蒸し上げた豚バラとシャッキリしたもやしは、最強の相棒です

だから作ってみたくなる!

レンジではなくフライパンがおすすめ。もやしの水分がうまくとぶし、もやしの蒸気で豚肉がふっくらおいしく蒸し上がります。加熱ムラもなし!

材料(2人分)

もやし……1袋

A
- 塩……小さじ1/4
- ごま油……大さじ1

しょうが(すりおろし)……適量

豚バラ薄切り肉……150g

B
- 練りごま……大さじ1
- ポン酢しょうゆ……大さじ2
- はちみつ……大さじ1/2
- ごま油……小さじ1
- すりごま……適量

青ねぎ(小口切り)……適量

作り方

1 フライパンにもやしとAを入れて、軽く混ぜる。しょうがを加えて混ぜ、上に豚肉を広げ、ふたをして蒸し焼きにする。

2 Bを混ぜ合わせる。

3 豚肉に火が通ったら器に盛り、2をかけて青ねぎを散らす。

コツ

もやしの洗い方

もやしが入っている袋に水を入れてざっと洗い、袋の角を切って水を流します。あとは立てかけて水をきりましょう。これで洗いものがひとつ減らせます。

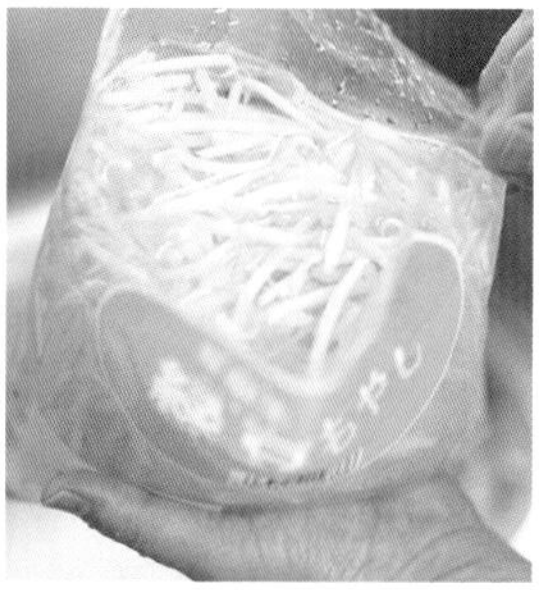

酢じょうゆもやし

時間がたっても味がボケない
〝もやしのマリネ〟は冷蔵庫で3〜4日保存OK

だから
作ってみたくなる!

もやしに塩と油をまぶして蒸し煮にするのがコツ。フライパンなら出てきた水分をしっかりとばせるので、水っぽくならずシャキシャキ食感もそのまま。

材料(2人分)

もやし……1袋
A 塩……小さじ1/4
　 ごま油……大さじ1
B しょうゆ……大さじ1
　 酢……大さじ1
　 砂糖……少々
かつお節……1パック(4g)
いりごま……適量

作り方

1 もやしとAをフライパンに入れて混ぜ、ふたをして火にかけ、中火で3〜5分蒸し煮にする。
2 Bを混ぜ合わせる。
3 1のふたを開け、余分な水分をとばしながら加熱し、水分がほぼなくなったら2を入れて混ぜる。
4 火を止めてかつお節を加えて混ぜ、ごまをふる。

チーズもやし

フライパンだからこそできる
もやしのシャキシャキ食感&とろ〜りチーズの両立

だから
作ってみたくなる!

レンジ加熱よりフライパンがおすすめ。もやしの水分がとぶので水っぽくならず、チーズがしっかりからんでワンランク上のおいしさに。

材料(2人分)

ベーコン(短冊切り)……2〜3枚(50g)
オリーブ油……適量
もやし……1袋
塩……少々
かつお節……1パック(4g)
ピザ用チーズ……適量
しょうゆ……お好みで

作り方

1 フライパンにオリーブ油とベーコンを入れて炒める。
2 ベーコンに焼き色がついていい香りがしてきたら、もやしを入れ、塩をふり、ふたをして3分蒸し焼きにする。
3 ふたを開け、火を強めて水分をとばしたら、かつお節を混ぜ、ピザ用チーズをかけてふたをする。
4 チーズが溶けたら器に盛り、お好みでしょうゆをかける。

頭も心もすっきりする、せん切り料理でマインドフルネス

目の前の野菜に全神経集中 無心に包丁を動かしてみて

実は私、せん切りが大好きなんです。余計なことを何にも考えず、目の前の野菜に全神経を集中して、淡々と包丁を動かしていると、なんか頭も気持ちもすっきりするんです。悩んでいたことや、気にしていたことが、突然クリアになって、「な〜んだ、大したことじゃない」って思えてくるの。そして、あるときハッと気づいた。

〝これって、流行りのマインドフルネスやないの？〟。ただただ、無心にせん切りするだけ。心が疲れているときこそ、やってみて。

にんじんのちくわきんぴら

にんじんはトランプのように並べてせん切りに。
余熱で火を通すと甘みがアップ

にんじん1本をせん切りにする方法

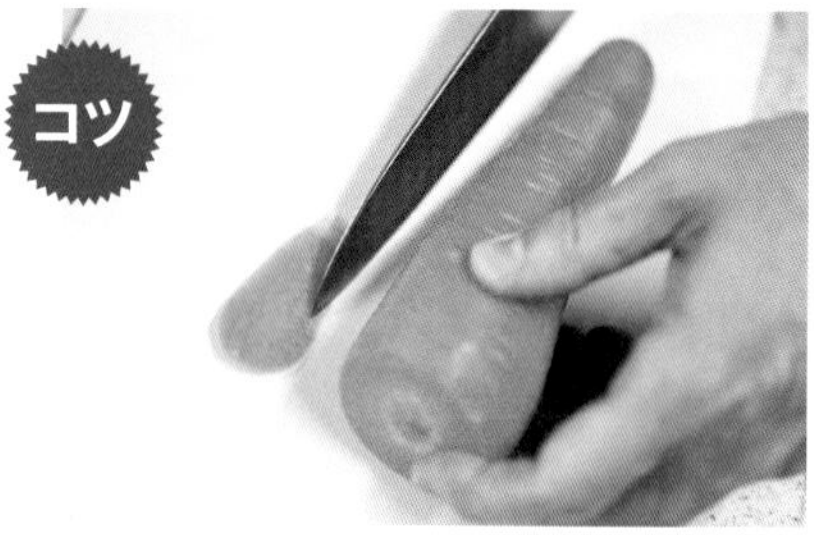

まずは縦にスライス。安定する平らな面を作るのがポイント

スライスした面を下にして斜め薄切りに。にんじんがぐらぐらせずスムーズに切れる

スライスしたものを少しずつずらして広げ、端からせん切り。これで一気に完成!

材料（2人分）

にんじん（せん切り）……1本
ちくわ（小口切り）……4本
ごま油……適量
A しょうゆ……大さじ1
A みりん……大さじ1
いりごま……適量

作り方

1 フライパンを熱してごま油を入れ、にんじんとちくわを炒める。ふたをして火を止め、しばらく置く。
2 余熱でにんじんが好みのかたさになったら、再び火をつけてAで味を調え、ごまをふる。

だから作ってみたくなる!

さっと炒めたあとふたをして火を止める、ここがポイント。余熱を利用することで、焦げつくこともなく、ちくわの旨みも上手にうつります。

大根のおかずきんぴら

余った大根をふぞろいにきざめばOK。
しょうゆだけのシンプルな味つけがおすすめ

材料（2人分）

豚肩ロース薄切り肉（ひと口大）……150g

A ┌しょうゆ……小さじ1
　 └片栗粉……小さじ1

ごま油……適量

大根（せん切り）……300g

しょうゆ……大さじ1

いりごま……適量

作り方

1 豚肉をポリ袋に入れて**A**をもみ込む。

2 フライパンを熱してごま油を入れ、豚肉を炒めていい焼き色がついたら、大根も加えて炒める。

3 大根に火が通ったらしょうゆを回し入れ、ごまを混ぜる。

だから
作ってみたくなる!

中途半端に残ったしっぽのほうでもおいしくできます。味つけはシンプルにしょうゆだけ。甘辛味にしないのが逆にご飯にもお酒にも合います。

ごぼうのじゃこきんぴら

皮もむかず、水にもさらさず、
ごぼうのおいしさとじゃこの旨みを丸ごと味わう

材料（2人分）

ごぼう……1本

A ┌ちりめんじゃこ……20g
　 └オリーブ油……適量

B ┌しょうゆ……大さじ1
　 │みりん……大さじ1
　 └砂糖……小さじ1～2

いりごま……適量

作り方

1 ごぼうはきれいに洗い、気になる部分だけさっと皮をこそげ取り、斜め薄切りにしてから、細切りにする。

2 フライパンに**A**を入れて火にかけ、ちりめんじゃこからいい香りがしてきたら、ごぼうを入れて炒める。

3 ふたをして1～2分、弱火で蒸し煮にする。

4 ふたを開けて**B**を入れ、全体にしっかりからめたら、ごまを混ぜる。

だから
作ってみたくなる!

ごぼうのせん切りは斜め薄切りにしたあと、少しずつずらして並べ、端から細切りにすると早いです。

肉と野菜で、しっかり一品のおかずスープに

栄養も食べ応えもあって失敗はなし！

疲れているときは、あれこれ作らずドーンと一品、はい終わり！でいいと思うんです。そんなとき、おかずスープはいいですよ。野菜もたんぱく質も両方入っているので、栄養的にはばっちりだし、スープに溶け出したビタミンやミネラルを効率よくとれる。たんぱく質食材が入っているので食べ応えもあって、ご飯のおかずにもなる。

しかも、スープって失敗がない。多めに作れば次の日も食べられる。ほらね、おかずスープは、疲れている日の心強い助っ人なのです。

ミネストローネ

肉団子は丸めずにしぼって入れるだけ。
リゾットにもスパゲティにも使えるスープです

材料（2人分）

玉ねぎ（角切り）……1個
にんじん（角切り）……1本
しめじ（小房に分ける）……1パック
オリーブ油……適量
A
- ケチャップ……大さじ4
- トマト水煮缶（ホールでもカットでも）……1缶
- 水……400㎖

豚ひき肉……150g
B
- 片栗粉……小さじ1
- しょうゆ……小さじ1
- しょうが（すりおろし）……1かけ

しょうゆ……適量
粗びき黒こしょう……適量

作り方

1 鍋を熱してオリーブ油を入れ、玉ねぎ、にんじん、しめじを炒める。
2 玉ねぎが透き通ったらAのケチャップを入れて炒め、ケチャップがねっとりしたらトマト水煮缶を入れ、トマトをつぶしてから水を加えて煮る。
3 豚ひき肉とBをポリ袋に入れて混ぜ、袋の口を縛り、角を切って2のスープの中にしぼり入れ、弱火で煮込む。
4 野菜がやわらかくなったら、しょうゆで味を調える。
5 器に盛り、こしょうをふる。

だから作ってみたくなる!

肉だんごはポリ袋で混ぜるのもいいけど、もっと簡単にするなら、ひき肉の入っていたトレーの中で調味料を混ぜて、そのままスプーンで落としても。

ほうれん草とん汁

食べ応え満点の絶品とん汁。
蒸しゆでほうれん草は極上の味わい

だから
作ってみたくなる!

ほうれん草は汁ものの具にすると、とろりとやわらかくなります。おひたしよりも断然食べやすく、たっぷり食べられます。豚の脂のコクとの相性もばっちり。

材料（2人分）

ほうれん草……1束
A［水……400㎖
　 昆布（1×5㎝のもの）……1枚
豚肩ロース薄切り肉（ひと口大）……150g
しょうが（すりおろし）……1かけ
みそ……大さじ2
かつお節……1パック（4g）

作り方

1 フライパンに水100㎖ほど（分量外）を入れ、沸騰したらほうれん草を入れて、ふたをして蒸しゆでにする（約1分）。
2 1のほうれん草を水にとり、水けをしぼって食べやすく切る。
3 鍋にAを入れて火にかける（昆布はキッチンばさみで細く切る）。沸騰したら豚肉を入れ、豚肉に火が通ったら、ほうれん草としょうがを入れる。
4 ほうれん草が熱くなったら火を止め、みそを溶き、かつお節を入れる。

キャベツとソーセージのチャウダー

やわらかキャベツの甘さとソーセージの塩け、
牛乳のとろみが体にしみわたる

だから
作ってみたくなる!

鍋に入れる順番は、ソーセージが下でキャベツが上。これでソーセージの旨みが上手に汁に溶け出します。水が少ないのでぴったり閉まるふたを。

材料（2人分）

ソーセージ（小口切り）……6本
キャベツ（ザク切り）……1/4個
A［塩……小さじ1/2
　 水……100㎖
B［牛乳……200㎖
　 片栗粉……小さじ1
粉チーズ……適量
塩、こしょう……各少々

作り方

1 鍋にソーセージ、キャベツ、Aの順で入れてふたをして煮る。
2 キャベツがクタッとなったら、Bを混ぜたものを加えて、混ぜながら加熱する。
3 全体にとろみがついたら、粉チーズを入れ、塩、こしょうで味を調える。

巻いて食べれば ごちそうだ

巻き巻き焼き肉

フライパンで焼いた肉と
好きなものを巻いて、
お好みのたれをつけて食べる。
これぞ〝カンタンおうち焼き肉〟

だから
作ってみたくなる!

白ご飯と寿司酢は別に準備して、食べるとき、自分で少しかけ、セルフ酢飯に。これだと酢飯を作らなくてもいいし、白ご飯も酢飯も両方楽しめます。

薄切り焼き肉は、心に体に お財布にもやさしい

疲れていてやる気がないとき、私がよくやるのは焼き肉。…っていっても、豚薄切り肉をフライパンでチャチャッと焼くだけ。それを、葉野菜で巻き巻きしながら食べるんです。巻き巻きしながら食べることで、ただ焼いただけの薄切り肉がごちそうになるんです。心にも体にもお財布にもやさしい。あとは冷蔵庫にあるものを適当に並べていっしょに巻いてどうぞ。たれは市販のたれでもOKです。好きなものを混ぜたりのっけたり。楽しく食べれば手をかけなくてもごちそうになり、疲れも吹っ飛ぶのです。

いっしょに巻く具材のバリエーション

きざみたくあん、アボカドわさびじょうゆあえ、
ピリ辛切り干し大根、納豆、
きゅうり、白菜キムチ、青じそなど、
お好みで何でもOK

材料（2人分）

豚肩ロース薄切り肉……200g
塩、こしょう……各適量
オリーブ油……適量
リーフレタス、サニーレタス……各適量
のり……適量
ご飯……適量

作り方

1 フライパンを熱してオリーブ油を入れ、豚肉をこんがり焼き、塩とこしょうで味を調えて器に盛る。
2 リーフレタスやサニーレタス、のりに、肉、ご飯（簡単寿司酢をかけてもいい）、好みの具材、たれをのせて、巻きながら食べる。

簡単寿司酢

砂糖……大さじ1
酢……大さじ1
塩……小さじ1/2

たれのバリエーション

ねぎみそ

長ねぎ（みじん切り）……1/2本
みそ……大さじ1
はちみつ……大さじ1

レモンコチュジャン

コチュジャン……大さじ1
レモン汁……1/2個分
ごま油……小さじ1

しょうが酢じょうゆ

しょうが（すりおろし）……1かけ
しょうゆ……大さじ1
みりん……大さじ1
酢……大さじ1

味つけの失敗なし！
味つけはセルフで

好みの具材とたれを選べば いく通りもの味が楽しめる

疲れていると、味が決まりにくくなりがち。せっかく作ったのに味が決まらないと、さらなる疲れがのしかかり再起不能、嗚呼……。

そんなときは、発想の転換！　食べるときに好きに味つけしながら食べられる料理を作ればいいのです。食べる人が適当に自分好みのたれを作って、かけたりつけたりして食べるの。これなら、絶対味つけの失敗がありません。料理のときは下味だけ。最初はこの味で食べて、次はちょっと変えて、というふうに、いろいろな味を楽しめるのも楽しい。味を決めないほうが、楽しい料理。ヤッタね、作戦勝ち。

鶏むね肉のねぎころも焼き

ケチャップにからしを足したり、
わさびじょうゆなど味つけは自由自在

材料（2人分）

鶏むね肉……1枚
塩……小さじ1/4
A［卵……1個
　 小麦粉……大さじ4
青ねぎ（小口切り）……適量
オリーブ油……適量
ケチャップ、からし、わさび、しょうゆ、酢……お好みで

作り方

1　鶏むね肉は皮を取って、ひと口大のそぎ切りにし、塩をもみ込む。Aを加えて混ぜ、青ねぎも混ぜる。
2　フライパンを熱してオリーブ油を入れ、1を両面こんがりと焼く。
3　ケチャップ、からし、わさび、しょうゆ、酢など、お好みの味で食べる。

だから
作ってみたくなる!

この料理は、ポリ袋ではなくボウルでガーッと混ぜるのがおすすめ。そのほうが無駄がなく衣がからみます。

だから
作ってみたくなる!

野菜と肉を別々に炒め、順々に上に積み重ねるだけ。ひとつずつ炒めることで、失敗なく、きちんとおいしく炒められ、最後はおろしポン酢で味つけも決まり!

豚肉となすのおろしポン酢

なすと豚肉を別々に炒めれば、
どちらも失敗なしのおいしさに

材料(2人分)

なす……2本
豚肩ロース薄切り肉(ひと口大)……150g
A ┌片栗粉……小さじ1
　 └しょうゆ……小さじ1
オリーブ油……適量
青ねぎ(小口切り)……適量
大根おろし、ポン酢しょうゆ、七味とうがらし……お好みで

作り方

1　なすは縦半分に切ってから、1㎝厚さの斜め薄切りにし、塩水(水200㎖に対して塩小さじ1が目安)に5分ほど浸ける。
2　豚肉をポリ袋に入れ、Aを入れてもみ込む。
3　フライパンを熱してオリーブ油を入れ、なすをあまり水けをきらずに入れて炒め、器に盛る。
4　空いたフライパンで2の豚肉を炒め、いい焼き色がついたら3のなすの上にのせ、青ねぎを散らす。
5　お好みで、大根おろし、ポン酢しょうゆ、七味とうがらしなどをからめて食べる。

豚にら焼き

**包まなくても手軽に〝ぎょうざ〟の味を楽しめる、
簡単楽ちんミニバーグ**

材料（2人分）

にら（みじん切り）……1束

A ┌ 塩……小さじ1/4
　 └ 片栗粉……大さじ1

豚ひき肉……150g

B ┌ しょうが（すりおろし）……1かけ
　 └ しょうゆ……小さじ1

ごま油……適量

しょうゆ、酢、ラー油、からし……お好みで

作り方

1. にらとAをポリ袋に入れてもむ。
2. 1に豚ひき肉とBを入れて混ぜ、キッチンばさみで袋を切って広げ、その上で食べやすい大きさに丸める。
3. フライパンを熱してごま油を入れ、2を入れてへらでぺちゃんこに押さえつけて焼く。
4. いい焼き色がついたらひっくり返し、反対の面もこんがり焼く。
5. しょうゆ、酢、ラー油、からしなどお好みの味で食べる。

フライパンに丸めて入れてへらでぺちゃんこに押さえつけて焼く

コツ

だから
作ってみたくなる!

包まないぎょうざです。丸めてフライパンに入れ、へらでぎゅっと押さえつければ、簡単にぺちゃんこに。ぺちゃんこにすることで香ばしく焼けるんです。

Column 3

味つけを失敗しないコツは？

肉と魚は下味をつける
調味料はシンプルに

　味つけを失敗しないコツがあるとすれば、〝下味〟と〝味つけをシンプルにすること〟だと私は思います。味つけを失敗したなって思うときって、全体に味がぼやけていて、明らかに何かが足りていないか、ちょっとやりすぎちゃって、にっちもさっちもいかなくなっているか、のどっちかだと思うんです。

　味がビシッと決まらないという悩みは、肉や魚に下味をつけておくことで、ほぼ解決します。メイン食材の味を、最初の下味で調えることで、全体に大きくはずれることはなくなります。

　私の下味の割合は、豚肉なら150gに対して片栗粉小さじ1、しょうゆ小さじ1。鶏肉なら1枚に対して塩小さじ1／4。どんな料理を作るときでも、この下味の割合でいけるので、一度覚えてしまえば目をつぶっていてもできるのがミソです。ちなみに塩は粗塩を使うと小さじ1／4が量りやすく、味がまろやかにしみ込むのでおすすめです。

　また、味つけをシンプルにすることで、わけのわからない味になる失敗がなくなります。いろいろ加えたくなりますが、複雑にすればするほど、手間はかかり、味を決めるのが難しくなるんです。さらに言うと、私は各調味料の割合も単純なほうがいいと思っています。全部同量、みたいに。科学の実験のように複雑な配合をすると料理上手になった気分になれますが、わかりやすい配合のほうが、わかりやすい味に仕上がり、繰り返し作りやすく、繰り返し飽きずに食べられます。

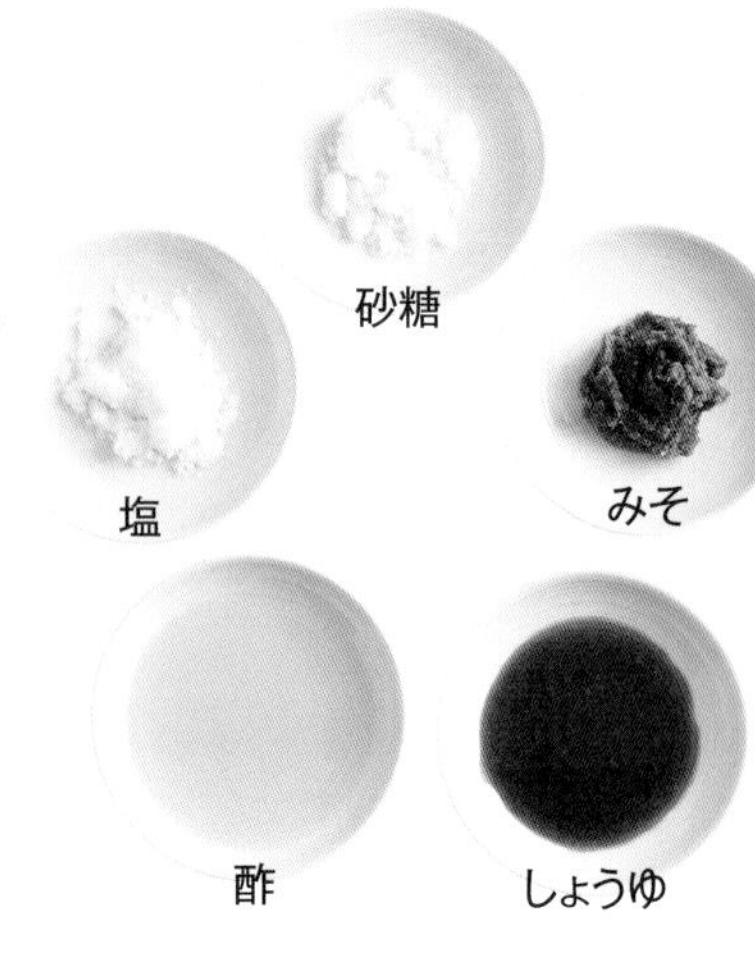

Column 4

計量スプーンは使い方&選び方が大事!

量る調味料の順番で途中で洗わずに使える

へぇ~っと思うかもしれませんが、計量スプーンの使い方で、料理がぐんとスムーズに作れるようになるんです。例えば調味料を量る順番。砂糖や塩のような乾いたものを最初に量り、次にみそのような固形のものを量り、ケチャップのようなどろりとしたものを量って、最後にしょうゆやみりんといった液体調味料を量ると、途中洗ったりせずにスムーズに料理が作れます。

計量スプーンを洗ったり拭いたりする手間は、結構面倒くさいですから。ちなみに私は、計量スプーンは小さじも大さじも複数本持っています。複数持っていると、洗ったり拭いたりする手間が本当になくなります。

また、塩小さじ1/4を量るために、私は小さじ1/2のスプーンを、常に塩の中に入れっぱなしにしています。小さじ1のスプーンで1/4は量りにくいですが、小さじ1/2のスプーンなら半分だけすくえばいいので、とっても量りやすいのです。

計量スプーンは、くぼみに深さのあるものがおすすめです。深さがあると量りやすさが全然違います。特に液体の調味料はくぼみが浅いスプーンで1/2を量るのは難しい。

ちなみに、何本もセットになっている計量スプーンを買うと、どれが大さじで、どれが小さじかわかりにくいですが、大さじは15㎖、小さじは5㎖です。手持ちの計量スプーンの容量を一度確かめてみてください。案外間違っている人、多いんです。

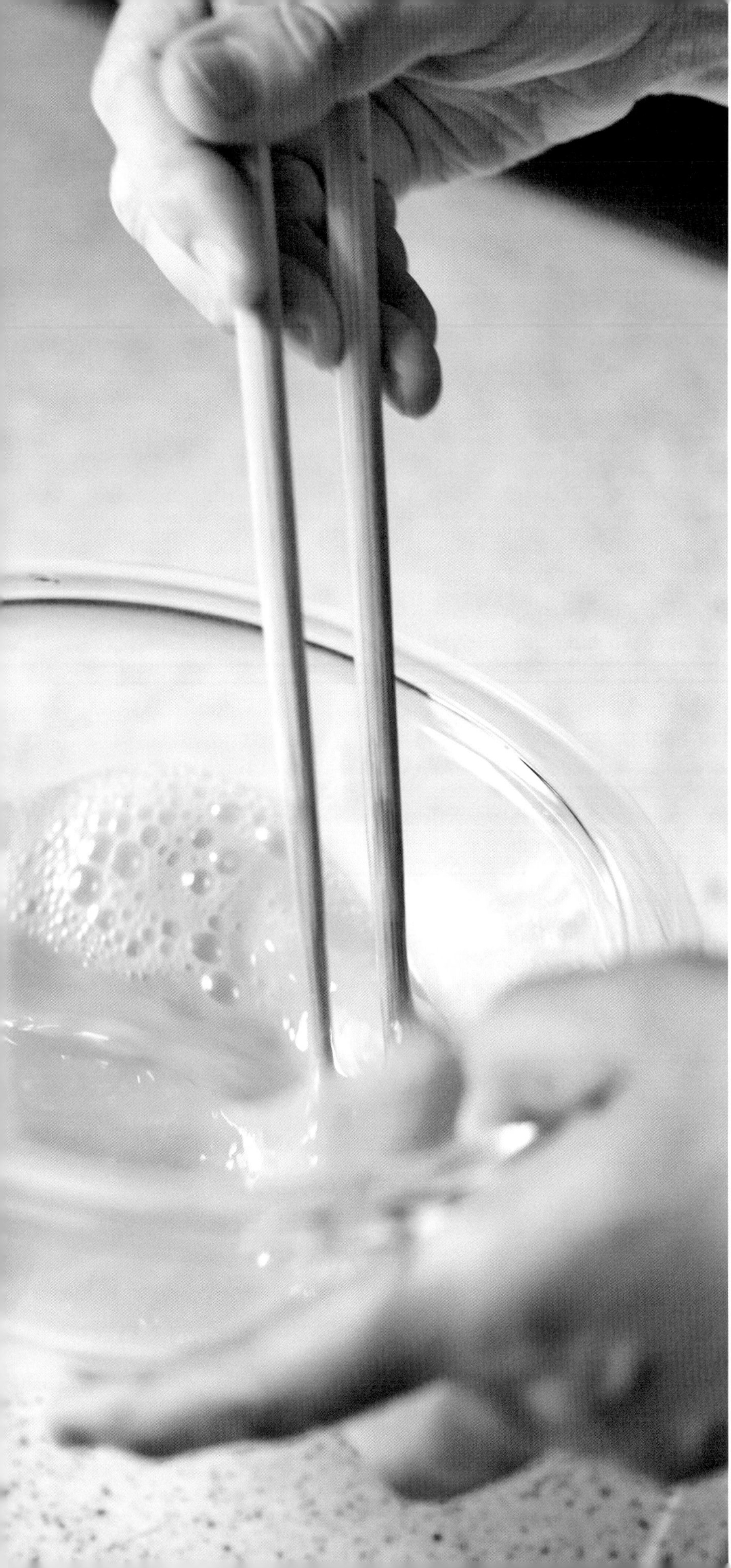

第3章

時間がないときこそ、作ってみたくなるレシピ

手をかけずにできる料理の レパートリーを持っておこう

やる気がないわけじゃない。時間がないだけ。本当はもう少し何とかしたいのにできない。ストレスとジレンマがどんどん増えていきます。でもね、悩んでいても時間が増えるわけではありません。

こういう場合、簡単にできる料理を作ろうとすると、ついつい肉野菜炒めばかりになってしまいませんか。実は発想の転換が必要なのはその部分です。

手っ取り早く料理をすることだけが、時短ではありません。

例えば食材の選び方。下準備が簡単で、火の通りが早い食材を使うだけで、同じ料理でもググッと調理時間は短縮できます。使う食材の種類を少なくするのもいいです。

洗い物を少なくするのも効果的。手早く作っても、あとの洗い物が大変だと、気持ちが折れますよね。そのためには、鍋だけ、フライパンだけ、で作れる料理はいいですね。さらに言えば、台所にあるボウルや鍋の数を最初から減らしておくのも手です。特にボウルは、限られた数しかなかったら、洗いながら料理せざるを得ないので、汚れたボウルが山積みってことがなくなりますよ。

また、時間をとられるものに買い物があります。そのために日頃から食材をストックしておくのはかしこい方法です。缶詰や乾物は常温で保存できるのでおすすめ。缶詰や乾物を使った料理のレパートリーを持っておくといいですね。

料理を作り置きしたり、冷凍保存したりする手もあります。特に料理の作り置きは、助かる場合もありますが、作る時間と手間は同じだけかかっているので、決して時間を有効利用しているわけではありません。時間がないけれど、手軽に料理を作りたいなら、台所に立つ時間を減らす方法を考えるほうが得策だと、私は思います。冷凍もしかり。冷凍する手間、解凍する時間なども、考えてみてください。

限られた時間のなかで、いかに効率よく料理するかは大事です。でも、それより大切なのは食べる時間だと思っています。時間がない、時間がないと焦る気持ちでせかせかごはんを食べるのは、本末転倒です。手を抜いても、品数はなくても、ごちそうじゃなくても、にっこり笑って、ほっこりして、おいしいな～と思って食べること、そこがいちばん大事だと私は思っているのです。明日も元気に頑張ろーって思えるように、ごはんを食べなくちゃね。そのためには、頭を使ってかしこく料理するのが得策なんです。

卵料理で手早く

簡単にたんぱく質がとれるし
メインのおかずにもなる

ささっと作って、ささっと食べたいときは卵がおすすめ。たいてい冷蔵庫にあり、調理が簡単なうえに、良質なたんぱく質を含む優等生食品だもの。たんぱく質は健康長寿の決め手です。

簡単にすましたい日も、たんぱく質をきちんととるのは大事。ゆで卵もいいですが、具材を入れてオムレツにすれば、立派なメインおかずになるし、たかが目玉焼きでも、上手にできたら、ごちそうになる。卵の炒めものも、ちょっとしたコツで、プロみたいにトロトロに仕上がります。

ちくわと紅しょうがの和風オムレツ

ベースは〝だし巻き卵〟の味。
紅しょうがを味と彩りのアクセントにパパッと作れます

材料(2人分)

卵……2個

A
- 塩……少々
- 水……大さじ1
- かつお節……1パック(4g)

ごま油……適量
ちくわ(小口切り)、紅しょうが、青ねぎなど……適量
しょうゆ……適量

作り方

1 卵とAを混ぜる。
2 フライパンを熱してごま油を入れ、1を流し入れたら大きく混ぜ、表面にちくわ、紅しょうが、青ねぎなど好みの具を広げてのせる。
3 卵が好みの固まり具合になったら、器に盛ってしょうゆをかける。

卵とAを混ぜて流し入れ、大きく混ぜる

表面に好みの具を広げてのせる

だから
作ってみたくなる!

卵液を、フライパンに大きく流し入れ、その上に具材をのせるだけ。ひっくり返す手間も、巻く手間もなし。ドーンと大きく焼くことでごちそうになるのもいいところ。

目玉焼き丼

ご飯とベーコンの間に〝おかかじょうゆ〟をはさんで、黄身は余熱利用でとろ〜り

だから
作ってみたくなる!

火を止める前はほとんど生ですが、余熱で確実に火が入ります。黄身のふちが少し白くなったらできあがりのサイン。下にしいたおかかじょうゆでワンランク上のおいしさに。

材料(2人分)

卵……2個
ベーコン……2枚
ごま油……適量
A ┌かつお節……1パック(4g)
  └しょうゆ……少々
ご飯……茶碗2杯
ごま油……適量
しょうゆ……お好みで

作り方

1 Aを混ぜ、器に盛った温かいご飯の上に広げてのせる。
2 フライパンを熱してごま油を入れ、ベーコンを両面こんがり焼いて1の上にのせる。
3 空いたフライパンに卵を割り入れ、すぐにふたをして30秒〜1分加熱し、火を止めてふたをしたまま余熱で好みのかたさに固まるまで置く。
4 3の目玉焼きを2の上にのせ、お好みでしょうゆをかける。

トマトと卵の和風チーズ炒め

かつお節の旨み、チーズのコクでおいしさ倍増。炒めすぎないことが〝ふわとろ〟の秘訣

だから
作ってみたくなる!

熱したフライパンに油を入れたら、フライパンを斜めにして1か所に油をため、そこをめがけて溶き卵を入れて菜箸で混ぜると、失敗なくトロトロのいり卵が作れます。

材料(2人分)

卵……2個
塩……少々
オリーブ油……適量
ピザ用チーズ……適量
トマト(くし切り)……2個
かつお節……1パック(4g)
しょうゆ……お好みで

作り方

1 卵に塩を入れて溶いておく。
2 フライパンを熱してオリーブ油を入れ、1の卵を入れて半熟のいり卵を作り、一度取り出し、ピザ用チーズを混ぜる。
3 空いたフライパンにトマトを入れて炒め、かつお節をからめる。2の卵を戻し入れ、大きく混ぜて器に盛る。
4 お好みでしょうゆをかける。

鍋ごと食卓に直行の土鍋料理

熱々がごちそうだから、待つ時間も楽しい

時間のないときは土鍋料理がおすすめです。具材を土鍋に入れて加熱して、あとはそのまま食卓にのせるだけ。移し替える手間もなく、熱々を食べられるのがいいところ。しかも、こういう土鍋料理は、できあがりを待つ時間もわくわくできるので、待つのも待たせるのも苦になりません。

大きい土鍋でもできますが、小さめの土鍋があれば、洗うのも出し入れもぐっと気軽になります。ほかにも、カレーやとん汁を土鍋で作って鍋ごと食卓にのせ、食卓でとりわけながら食べたりするのもいいものです。

すいとん鍋

ご飯やうどんがないときでも手軽に作れるからうれしい。もちもち食感が病みつきに

材料（2人分）

A
- 小麦粉……100g
- 塩……小さじ1/4
- 湯……50～70mℓ

B
- 水……3カップ
- 昆布（1×5㎝のもの）……1枚
- しょうゆ……大さじ3
- みりん……大さじ3

豚肩ロース薄切り肉……150g
長ねぎ（斜め切り）……1本
しめじ（小房に分ける）……1パック
かつお節……1パック（4g）

Bを土鍋に入れて火にかけ、沸騰したら、具材を入れて煮る

すいとんを手でちぎって入れる

作り方

1. Aの小麦粉と塩を混ぜたところに湯を入れ、菜箸で大きく混ぜてから、軽くこねる。ひとまとめにしてポリ袋に入れて置いておく。
2. Bを土鍋に入れて火にかけ、沸騰したら、豚肉、長ねぎ、しめじを入れて煮る。
3. 1を軽くこねなおし、食べやすく手でちぎって2に入れて煮る（3～5分くらい）。
4. 最後にかつお節を混ぜる。

だから作ってみたくなる!

すいとんは熱湯を使うのがポイントです。熱いので、最初は菜箸でぐるぐる混ぜ、手で触れるようになったら、ひとまとめにしてください。少し置いたら軽くこね、あとはだしの中に落とすだけ。

シンプルおでん

**煮込み時間が短くても大丈夫。
はちみつとしょうが入りの
〝みそだれ〟をつけてどうぞ**

だから
作ってみたくなる!

最初に大根を煮て、その間に残りの材料を準備。しょうがみそをつけながら食べるので、味がしみてなくても大丈夫。気分はおでん。

材料(2人分)

大根……適量

A
- 水……4カップ
- 昆布(1×5cmのもの)……1枚
- 煮干し……ひとつまみ
- 塩……小さじ1/2
- しょうゆ……大さじ1

B
- みそ……大さじ2
- はちみつ……大さじ2
- しょうが(すりおろし)……1かけ

ちくわ、こんにゃく、さつま揚げなど……適量

作り方

1. 大根とA(昆布はキッチンばさみで細く切る)を小さめの土鍋に入れ、火にかける。
2. Bを混ぜておく。
3. 1の大根がやわらかくなったら、ちくわ、こんにゃく、さつま揚げなどを入れてさっと煮る。
4. 具材が温まったら、2のみそだれをお好みでつけて食べる。

蒸し鶏

**土鍋ひとつで簡単蒸しもの。
鶏の旨みを白菜がたっぷりと吸って、おいしさを逃がさない**

だから
作ってみたくなる!

下にしいた白菜は、塩をまぶしておくことで水分が出やすくなります。白菜の水分で蒸した鶏はふっくらやわらかく、鶏の旨みがしみた白菜も絶品です。

材料(2人分)

白菜(ザク切り)……1/4個

A
- 塩……小さじ1/4
- 水……100mℓ

鶏むね肉……1枚

B
- 塩……小さじ1/4
- 片栗粉……大さじ1

オリーブ油……大さじ1

作り方

1. 土鍋に白菜とAを入れる。
2. 鶏むね肉は皮を取り、ひと口大のそぎ切りにして、ポリ袋に入れてBをもみ込んでからオリーブ油も加えてからめる。
3. 1の白菜の上に、2の鶏肉をのせ、ふたをして火にかけ中火で10分ほど蒸す。
4. 具材に火が通ったら、鍋ごと食卓に運び、好みのたれで食べる。

＊たれは、ポン酢マヨネーズ、わさびじょうゆなどお好みで

ご飯さえあれば、のっけて混ぜて簡単ご飯料理

手っ取り早く食べて一息つきたいときはこれ

時間もない、おなかが減って作る気力もわかない。そんなときは、とことん簡単なご飯もので決まり。腹が減っては戦はできませぬ。バランスよく食べることや、きちんと手をかけることも大事だけれど、とりあえず手っ取り早く食べて一息つくことのほうが大事なときもありますからね。

何はともあれご飯さえあれば、のせるだけ、チンするだけ、混ぜるだけですが、これがなかなかおいしくてハマります。朝ごはんや昼ごはんにも、繰り返し作っているレシピです。

納豆ビビンバ

家にある食材を使って すぐに作れる ヘルシービビンバ

材料（2人分）

納豆……2パック
白菜キムチ……適量
切り干し大根……20g
A［水……50mℓ／しょうゆ……少々］
温泉卵……2個
ご飯（温かいもの）……茶碗2杯
青ねぎ……適量
ごま油……適量
B［コチュジャン……大さじ1／酢……大さじ1］

作り方

1. 納豆は添付のたれを混ぜる。
2. 切り干し大根はさっと洗ってキッチンばさみで切り、Aを混ぜる。
3. ご飯を器に盛り、納豆、白菜キムチ、切り干し大根、温泉卵をのせ、青ねぎを散らし、ごま油をかける。
4. お好みでBを混ぜたものを添える。

だから作ってみたくなる!

納豆とキムチ、切り干し大根。この3つがとっても合うんです。切り干し大根はさっと洗ってキッチンばさみで切るだけ。コチュジャンがなければ豆板醤でも。

おかかチーズご飯

**チーズの最高の
とろけ具合を探求したくなる、
クセになるおいしさ**

材料（2人分）
かつお節……1パック（4g）
しょうゆ……少々
ご飯（温かいもの）……茶碗2杯
スライスチーズ……2枚

作り方
1 かつお節にしょうゆを混ぜる。
2 ご飯を茶碗に盛り、1を広げ、スライスチーズをのせる。
3 スライスチーズが溶けるまで、電子レンジで加熱する。

ご飯を茶碗に盛り、おかかじょうゆを広げる

スライスチーズをのせ、電子レンジで加熱する

だから
作ってみたくなる！
朝ごはん、昼ごはん、ちょっと遅めの夕飯など、手軽にパパッと食べたいときに重宝する一品。スライスチーズの代わりにピザ用チーズでも。

わかめご飯

**カットわかめ・かつお節・いりごま。
買い置き〝三種の神器〟が時間のない食卓のマンネリを救う**

だから
作ってみたくなる！
炒めたわかめにしっかり味をつけ、かつお節を混ぜてからご飯を入れるのがコツ。炒めたわかめとかつお節とご飯の組み合わせが絶妙なおいしさです。

材料（2人分）
カットわかめ……10g
ごま油……適量
しょうが（すりおろし）……1かけ
しょうゆ……大さじ1
かつお節……1パック（4g）
ご飯（温かいもの）……茶碗2杯
いりごま……適量

作り方
1 わかめを水でもどし、水けをしぼる。
2 フライパンを熱してごま油を入れ、1のわかめを炒める。
3 わかめにさっと火が通ったらしょうがを入れて炒め合わせ、しょうゆを入れて火を止め、かつお節を混ぜる。
4 3に温かいご飯を入れて混ぜ、ごまをふる。

忙しいときのお助け麺料理

冷凍うどん、にゅう麺は
麺のなかでも手軽さピカイチ

忙しいとき、買い置きの麺類には本当に助けられます。スパゲティ、焼きそば、ラーメン、うどん、そうめんなどなど。それぞれにおいしさとよさがあり、甲乙つけがたいところですが、時間がないときとなると、使いやすいのはうどんですね。冷凍うどんなら買い置きできるし、ゆでずにレンジ加熱で食べられるのも手軽です。

あと、遅い夕飯のときに私がよく作るのがにゅう麺。下ゆでなしでそうめんを入れるだけなので、インスタントラーメン並みの手軽さなんです。

わかめにゅう麺

そうめんの塩けや、豚肉の旨みが汁に流れ出し、さっぱりしているのにコクがある

そうめんは下ゆでせずにそのまま入れて

だから作ってみたくなる!

とにかく早い。5分もあればできちゃいます。そうめんに含まれる塩分で、スープの味つけはほぼ決まり、煮干しと豚肉のダブルスープが本格的なおいしさ。

材料(2人分)

豚肩ロース薄切り肉……150g
A［水……4カップ
　 煮干し(あれば)……ひとつまみ
カットわかめ……2〜3つまみ
そうめん……2束
長ねぎ(小口切り)……適量
しょうゆ……お好みで
ごま油、こしょう……各適量

作り方

1 Aを鍋に入れて火にかけ、沸騰したら豚肉を入れてアクを取る。
2 1にわかめと、そうめんを入れて煮る(約2分)。長ねぎも加え、味を見て足りないようならしょうゆを足す。
3 器に盛り、ごま油とこしょうをかける。

白菜ポン酢うどん

**白菜と豚肉、きのこの旨みが織りなす天然のだしが、
麺においしくからみます**

**だから
作ってみたくなる!**

白菜は旨みの多い野菜です。なので、その蒸し汁をだし代わりに使えば、手間いらずで旨みたっぷりのうどんになるんです。

材料(2人分)

豚肩ロース薄切り肉(ひと口大)……150g

A
- 片栗粉……小さじ1
- しょうゆ……小さじ1

ごま油……適量
しめじ(小房に分ける)……1パック
しょうが(すりおろし)……1かけ
白菜(ザク切り)……1/8個
塩……小さじ1/4
水……50mℓ
冷凍うどん……2玉

B
- ポン酢しょうゆ……大さじ3
- みりん……大さじ1

かつお節……1パック(4g)

作り方

1 豚肉とAをポリ袋に入れてもみ込む。
2 フライパンを熱してごま油を入れ、1の豚肉を炒める。豚肉にいい焼き色がついたら、しめじ、しょうが、白菜、塩を入れてさっと炒め合わせ、水を入れてふたをして蒸し煮にする。
3 冷凍うどんは電子レンジで加熱する(1玉あたり２～3分が目安)。
4 2の白菜がクタッとなったらひと混ぜし、3のうどんを入れて混ぜる。Bを加えて味をからめ、かつお節を混ぜる。

トマトじゃじゃ麺

すぐに使える冷凍うどんを活用。
ピリ辛の肉みそ+トマトの酸味でさっぱりヘルシー

だから
作ってみたくなる!

片栗粉は、ひき肉に直接混ぜるのがコツ。ひき肉自体にとろみがついて、うどんとうまくからみます。きゅうりたっぷりがおいしい。

材料(2人分)

冷凍うどん……2玉
豚ひき肉……150g
A しょうゆ……小さじ1
A しょうが(すりおろし)……1かけ
片栗粉……小さじ1
B みそ……大さじ2
B みりん……大さじ1
B はちみつ……大さじ1
B 豆板醤……小さじ1/2~1
トマト(ザク切り)……2個
きゅうり(細切り)……1本
ごま油……お好みで

作り方

1 冷凍うどんは電子レンジで加熱する(1玉あたり2~3分が目安)。
2 フライパンにひき肉と**A**を入れて混ぜ、火にかける。
3 ひき肉に火が通ったら、片栗粉をふり入れてさっと混ぜてから**B**を入れ、全体に混ざったらトマトを入れて炒め合わせる。
4 **1**のうどんを皿に盛り(氷水にとって冷たくしめてもいい)、きゅうりをのせて**3**をかける。お好みで香りづけのごま油を回しかける。

納豆キムチ釜揚げうどん

**うどんの熱が卵に伝わり、
いい感じにねっと～り**

**だから
作ってみたくなる!**

熱々のうどんを生卵と混ぜる釜玉うどん。卵に納豆を混ぜておくと、栄養的にもよくなるし、納豆の粘りで味がよくからむんです。

材料（1人分）

納豆……1パック
卵……1個
冷凍うどん……1玉
A［しょうゆ……適量
　 ごま油……適量
白菜キムチ……適量
青ねぎ（小口切り）……適量

作り方

1　器に納豆を入れて添付のたれと混ぜ、卵も混ぜる。
2　冷凍うどんを袋の表示通りにゆで、熱々のまま1に入れて混ぜる。
3　2にAを混ぜて、キムチをのせ、青ねぎを散らす。

〝野菜にじゃっ〟で、一石二鳥

野菜がいっぱい食べられる
肉もいっしょに食べられる

時間がなくても、家でごはんを作ろうと思う理由のひとつに、「野菜を食べたい」っていうことがあります。けれどそれがなかなか難しい。そんなとき、私がよくやるのは、野菜の上から肉料理を〝じゃっ〟とかけちゃう作戦。これだと肉も野菜も、これ一品でバランスよく食べられるし、〝じゃっ〟とかけたときの熱で野菜にちょっと火が通ってしんなりするので、普通にサラダで食べるよりも断然たくさん食べられるんです。しかも、肉の味で野菜を食べるので、味つけはこれだけで決まり。

ほらね、見えないところでも、ウッシッシなのです。

鶏むね肉の甘酢炒め

**ケチャップ味の甘酢あんは、
子どもの頃に大好きだった懐かしい味わい**

材料（2人分）

鶏むね肉……１枚
塩……小さじ1/4
小麦粉……適量
ごま油……適量

A
- 水……50㎖
- 砂糖……大さじ1
- ケチャップ……大さじ1
- しょうゆ……大さじ1
- 酢……大さじ1
- 片栗粉……小さじ1

ミニトマト（半分に切る）……1パック
水菜（ザク切り）……適量

作り方

1. 鶏むね肉は皮を取り、ひと口大のそぎ切りにして、塩をもみ込み小麦粉をまぶす。
2. Aを混ぜ合わせる。
3. 器に水菜をしいておく。
4. フライパンを熱してごま油を入れ、1の鶏肉を焼く。両面こんがり焼けたらミニトマトを入れて炒め合わせ、2を入れてからめ、たれごと3の水菜の上に盛る。

**だから
作ってみたくなる!**

水菜は一度に全部切って袋に入れておけば、冷蔵庫で4～5日は保存可能。料理の下にしくだけで、すぐに野菜が食べられるので便利です。

キャベツのカレーそぼろサラダ

**カレーとにんにくの香りが食欲をそそり、
キャベツをたっぷり食べられます**

だから
作ってみたくなる!

キャベツのせん切りは、芯を断ち切る方向に切ると、甘くやわらかく食べられます。食べるときにマヨネーズをかけるのもいいですよ。

炒めて味つけしたひき肉を加えて混ぜ合わせる

キャベツにかつお節とごま油を混ぜておく

材料(2人分)

キャベツ(せん切り)……1/6個

A
- かつお節……1パック(4g)
- ごま油……大さじ1

豚ひき肉……150g

B
- 塩……小さじ1/4
- カレー粉……小さじ1~2
- にんにく(すりおろし)……1かけ

C
- ウスターソース……大さじ2
- 酢……大さじ2
- みりん(お好みで)……大1

マヨネーズ……お好みで

作り方

1 キャベツとAを混ぜておく。
2 フライパンに豚ひき肉とBを入れて火にかけ、肉に火が通ったら火を止めて、Cを入れる。
3 1の上に2をかけて混ぜ合わせる。
4 お好みでマヨネーズをかける。

しょうが焼きサラダ

野菜が苦手な人も〝熱々しょうが焼きドレッシング〟をかけたサラダは絶対ハマる

レタスときゅうり、かつお節を混ぜておく

熱々のたれごと野菜の上からかけて混ぜる

材料（2人分）

豚肩ロース薄切り肉……150g

A
- しょうゆ……小さじ1
- 片栗粉……小さじ1

レタス（またはリーフレタス）……1/4個

きゅうり（乱切り）……1本

かつお節……1パック（4g）

B
- しょうゆ……大さじ2
- 酢……大さじ2
- 砂糖……小さじ1
- しょうが（すりおろし）……1かけ

ごま油……適量

レモン汁……適量

作り方

1 ポリ袋に豚肉とAを入れてもみ込む。

2 レタスは食べやすく手でちぎり、きゅうりと混ぜて大きめのボウルに入れ、かつお節を混ぜておく。

3 Bを混ぜ合わせておく。

4 フライパンを熱してごま油を入れ、1の豚肉を炒める。

5 豚肉に火が通り、おいしそうな焼き色がついたら3を入れ、熱々のたれごと2の上からかけて混ぜる。

6 食べるときにレモン汁をかける。

だから
作ってみたくなる!

しょうが焼きのたれが、そのままサラダのドレッシング代わりに。最後にかけるレモン汁がポイント。ぐっとさわやかな味わいになります。

魚のストックが助けになる

魚料理の出番を増やすなら冷凍より冷蔵保存がおすすめ

忙しいと買い物に行く時間がなくなり、買い物に行かないと魚料理が登場しにくくなります。そこで私は、買い物に行ったら甘塩鮭と生鮭を多めに買って保存しています。鮭は年中手に入りやすく、塩をして保存するのに向いているのです。保存というと冷凍しがちですが、私は冷蔵派です。冷凍のほうが長期保存できますが、冷凍することで安心して忘れてしまったり、凍ったまま焼いたときに生焼けになる心配などを考えたりすると、冷蔵のほうが料理が簡単だし、積極的に魚を食べられていいと思うんです。

甘塩鮭のみそ漬け

朝ごはんが待ちきれない!
こんがり焼ける〝しょうがみそだれ〟

材料(2人分)

甘塩鮭(切り身)……2切れ

A
- みそ……大さじ2
- みりん……大さじ2
- オリーブ油……小さじ1
- しょうが(すりおろし)……1かけ

作り方

1　鮭とAを保存袋に入れて混ぜ、中の空気を抜いて口を閉じ、そのまま1日以上漬ける。

＊冷蔵庫で5～6日保存可能

表面のみそを軽くふいて魚焼きグリルで焼く

だから作ってみたくなる!

焼くときは、表面のみそを軽くぬぐうだけで、普通に焼いて大丈夫。砂糖が入っていないので、一般的なみそ漬けよりも焼きやすいのが特徴です。

焼鮭のごまポン酢漬け

**焼いたあとでポン酢をしみ込ませると、
パサパサにならずしっとり感が続く**

材料（2人分）
甘塩鮭（切り身）……2切れ
ポン酢しょうゆ……大さじ2〜3
いりごま……お好みで

作り方
1　鮭を魚焼きグリルで焼く。
2　ポン酢しょうゆをかけて、そのまま冷ます。
＊冷蔵庫で4〜5日保存可能

ほぐしてふりかけにしたり、
ご飯に混ぜたりする

だから
作ってみたくなる!

1切れ残すよりも焼いて保存しておきたいときなどに便利。身をほぐして大根おろしやおひたしに混ぜたり、ご飯に混ぜればすぐに鮭寿司の完成です。

生鮭の塩漬け

**塩＋〝酒とオリーブ油〟に漬けて、
風味豊かにおいしく保存**

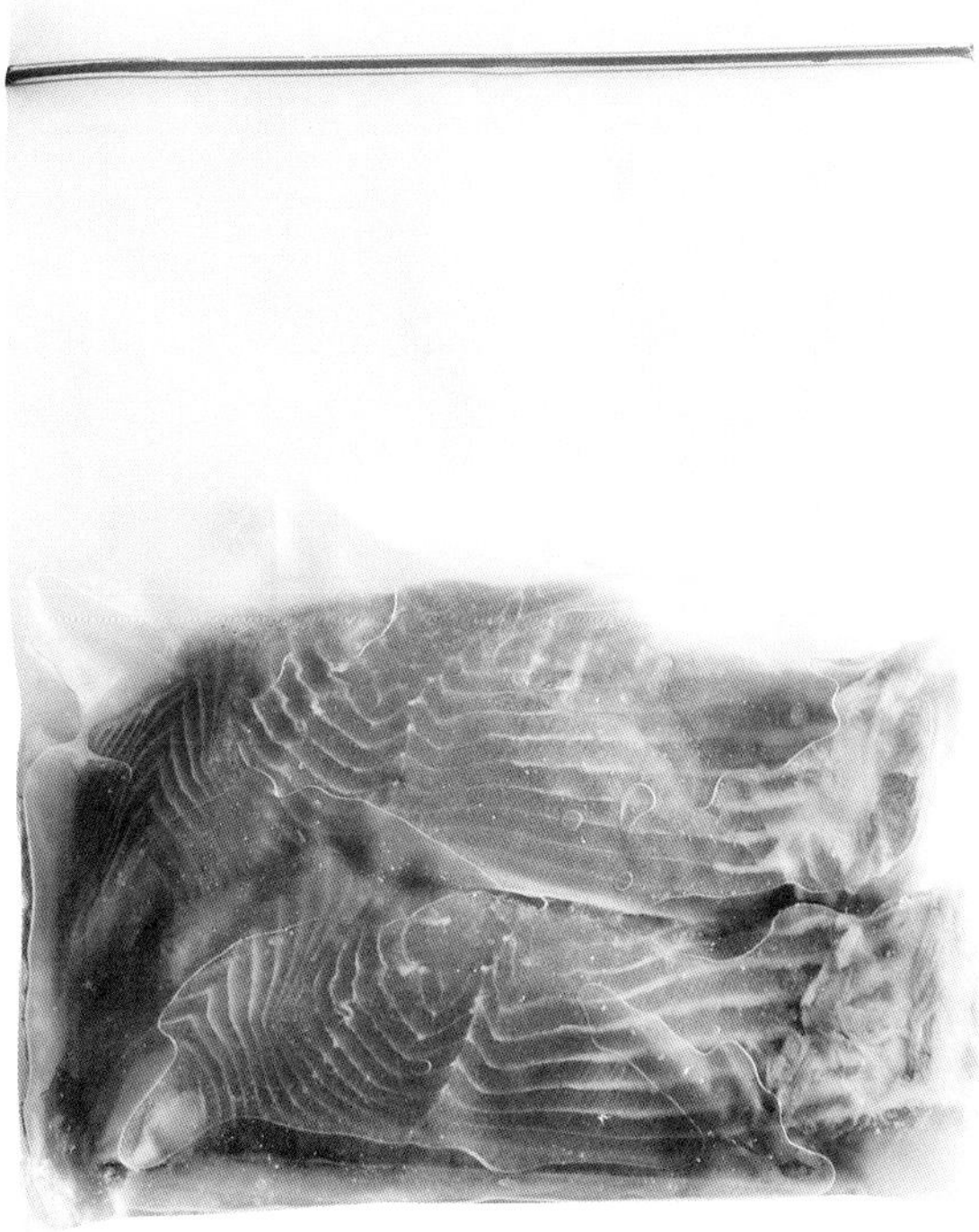

材料（2人分）
生鮭（切り身）……2切れ
A
- 塩……小さじ1/2
- 酒……大さじ1
- オリーブ油……大さじ1

作り方
1　鮭とAを保存袋に入れて混ぜ、中の空気を抜いて口を閉じ、そのまま1日以上漬ける。
＊冷蔵庫で5〜6日保存可能

だから
作ってみたくなる!

キッチンペーパーで軽く水けをふき、普通の鮭と同じように調理できます。そのまま魚焼きグリルで焼くのはもちろん、ムニエル、パン粉焼き、蒸しものなどに。

買い置きの缶詰は万能

さばの水煮缶とツナ缶はコスパも使いやすさも◎

忙しいとき、缶詰は使えます。買い物に行く時間を減らせるうえに、ふたを開ければすぐに食べられるわけですから、本当に助かります。トマトの水煮缶や、鮭の中骨缶、大豆の水煮缶、焼き鳥やかば焼きの缶詰など、いろいろありますが、値段や手に入りやすさ、料理の素材として使いやすさを考えれば、さばの水煮缶とツナ缶がおすすめです。

ツナはオイルありでもなしでもどちらでもいいですが、私はオイル派です。オイルが気になるときは、少しきってから使ってください。

レンジさば缶カレー

レンジで作る時短カレーの決定版。
〝旨み×酸味×コク〟が溶け合う豪華版です

材料（2人分）

さば水煮缶（缶汁ごと）……1缶（200g）
トマト（ザク切り）……2個
A
- しょうが（すりおろし）……1かけ
- にんにく（すりおろし）……1かけ（お好みで）
- カレー粉……大さじ1
- ケチャップ……大さじ1
- ウスターソース……大さじ1

ピザ用チーズ……お好みで
ご飯……茶碗2杯

作り方

1. さば缶、トマトを耐熱容器に入れ、Aを加えてひと混ぜしたら、ラップをして電子レンジ（600W）で5分加熱する。
2. 1のさばとトマトを軽くつぶしながら混ぜたら、ピザ用チーズをお好みで入れ、チーズが溶けるまでレンジでさらに加熱する。
3. 器にご飯を盛って2をかける。

材料を耐熱容器に入れ、ラップをして電子レンジで5分加熱する

トマトを軽くつぶしながら混ぜたら、お好みでピザ用チーズを入れる

だから作ってみたくなる!

さばの身をつぶすのは、レンジ加熱が終わったあと。そのほうが、身がふっくらおいしく仕上がり、臭みも出ません。チーズが合います。

さば缶大根煮

先に大根をコトコト、さば缶は最後にイン。
時間差でおいしさを極める

さば缶は缶汁ごと使うのがポイント

だから
作ってみたくなる!

さば缶は最後に缶汁ごと加え、さっと加熱。煮すぎないのがコツです。それだけで、まるでさばといっしょにコトコト煮たような味わいに。

材料(2人分)

大根(1㎝厚さのいちょう切り)……300gくらい

A
- 水……100㎖
- 砂糖……大さじ1
- みりん……大さじ1
- しょうゆ……大さじ2
- しょうが(すりおろし)……1かけ

さば水煮缶(缶汁ごと)……1缶(200g)

しょうが(せん切り)……適量

作り方

1 大根とAを鍋に入れ、ふたをして煮る。

2 大根がやわらかくなったら、さば缶を入れてさっと煮る。

3 器に盛り、しょうがのせん切りをのせる。

豆苗しりしり

しゃきっと豆苗＆とろっと卵の名コンビは、
やや強火で手早く炒めるのがコツ

ツナ缶はオイルありでもなしでもOK

材料（2人分）

卵……2個
塩……少々
ごま油……適量
ツナ缶（油漬け）……小1缶
豆苗（ザク切り）……1パック
かつお節……1パック（4g）
しょうゆ……少々（お好みで）

作り方

1 卵に塩を入れて溶いておく。
2 フライパンを熱してごま油を入れ、熱くなったところで**1**の卵を入れて、少し固まったら大きくかき混ぜて取り出す。
3 空いたフライパンに缶汁を軽くきったツナと豆苗も入れてさっと炒め合わせる。
4 **3**にかつお節を混ぜ、**2**の卵を戻し入れて混ぜる。
5 お好みでしょうゆをかける。

だから作ってみたくなる!

フライパンを傾けて油をため、そこでいり卵を作ればふっくらトロトロに仕上がります。豆苗を使うことでせん切りいらず。

ピーマンのツナチーズ焼き

いい焼き色がついたら食べ時。
ひと口噛むとツナの旨みがじゅわっと広がる

材料(2人分)
ピーマン……4個
ツナ缶(油漬け)……小1缶
マヨネーズ……大さじ1
ピザ用チーズ……適量

作り方
1 ピーマンを縦半分に切って種を取る。
2 缶汁を軽くきったツナとマヨネーズを混ぜ、1のピーマンに詰める。
3 2にピザ用チーズをかけ、オーブントースターでチーズが溶けるまで焼く。

だから
作ってみたくなる!

ツナマヨの味で、ピーマンがたくさん食べられます。ピーマンの代わりにパプリカやしいたけでもおいしくできます。

ピリ辛ツナみそ

マイルドなピリ辛味で、
いろいろな料理に使える

材料(2人分)
ツナ缶(油漬け)……小1缶
A
- みそ……大さじ1/2
- みりん……大さじ1/2
- 豆板醤……小さじ1/2

青ねぎ(小口切り)……適量

作り方
1 缶汁を軽くきったツナとAを混ぜる。
＊冷蔵庫で3〜4日保存可能
2 食べる前に青ねぎを散らす。

だから
作ってみたくなる!

ご飯にのせたり、豆腐にかけたり、レンジ加熱したじゃがいもに塗るのもおすすめ。ディップソースにすると、野菜がたくさん食べられます。

乾物でささっと一品

水でもどさない、いつもの料理は忘れる

乾物は常温保存できるインスタント食品です。時間のないときの心強い味方なのですが、実は昔ながらのもどし方や、定番の調理法から抜け出す必要があります。

例えば高野豆腐。いろんな形状のものが売られているので、用途に合わせて普通の豆腐と同じように使えます。

切り干し大根は、さっと洗ってキッチンばさみで切るだけ。水に浸けてもどさないのがコツです。せん切りする手間なし。ポン酢しょうゆをかければすぐに食べられます。買い置きしておけば、時間のないときの心強い助っ人になります。

レンジ高野豆腐グラタン

高野豆腐は牛乳やチーズと相性抜群。
魔法のようなレンジ使いでおいしさアップ

材料(2人分)

高野豆腐(カットタイプ)……1袋(50g)

A
- 水……100mℓ
- 牛乳……200mℓ

B
- 塩……小さじ1/4
- ハム(角切り)……3枚

C
- 片栗粉……小さじ1
- 水……小さじ1

ピザ用チーズ……適量
ケチャップ……適量

作り方

1 耐熱ボウルに高野豆腐とA入れ、3分ほど置く。
2 高野豆腐がもどったらラップをして、電子レンジ(600W)で6分加熱する。
3 高野豆腐がやわらかくなったら、Bを入れて混ぜる。
4 Cを混ぜて3に加え混ぜ、全体にとろみがついたらピザ用チーズを混ぜる。
5 4を耐熱皿に入れ、ケチャップをかけて、さらにピザ用チーズをかける。オーブントースターでおいしそうな焼き色がつくまで焼く。

水と牛乳で高野豆腐をもどす

高野豆腐がもどったらレンジ加熱

加熱して高野豆腐がやわらかくなったら、塩とハムを入れて混ぜる

だから
作ってみたくなる!

大きな高野豆腐を使うときは、水でもどして食べやすく切り、Aの水を入れず牛乳だけでレンジ加熱すれば、同様に作れます。

高野豆腐肉巻き

じゅわ〜っと汁がしみ出し、肉の太巻きを食べているよう！
目からウロコのおいしさです

だから
作ってみたくなる！

高野豆腐だけの甘煮だとご飯のおかずになりませんが、こんなふうに肉で巻いて甘辛味に仕上げると、ご飯がモリモリ食べられます。

材料（2人分）

高野豆腐……2枚
豚肩ロース薄切り肉……150g
小麦粉……適量
ごま油……適量

A
- 水……100㎖
- 砂糖……大さじ2
- しょうゆ……大さじ2

作り方

1 高野豆腐は水に浸けてもどし、水けをしぼって縦4つに切る。
2 高野豆腐を1つずつ豚肉で巻き、さらに小麦粉をまぶす。
3 フライパンを熱してごま油を入れ、2を転がしながら全体に焼く。
4 肉の色が変わったら、混ぜたAを入れ、煮汁がほぼなくなるまで加熱し、転がしながら味をからめる。

豚肉と切り干し大根のしょうが煮

**大根を干すことで生まれた旨みや甘みが、
蒸し煮することで豚肉にしっかりしみ込みます**

だから
作ってみたくなる!

切り干し大根はさっと洗ってキッチンばさみで切るだけ。もどさず煮るのがコツです。切り干しの旨みのおかげで、少ない調味料でも病みつきになるおいしさ。

材料(2人分)

豚肩ロース薄切り肉(ひと口大)……150g
A 片栗粉……小さじ1
　しょうゆ……小さじ1
切り干し大根……40g
ごま油……適量
B しょうが(すりおろし)……1かけ
　水……100㎖
しょうゆ……大さじ1
かつお節……1パック(4g)

作り方

1 豚肉とAをポリ袋に入れてもみ込む。
2 切り干し大根はさっと洗い、キッチンばさみで食べやすく切る。
3 フライパンを熱してごま油を入れ、1の豚肉を炒める。
4 肉にいい焼き色がついたら2の切り干しを入れ、Bを入れてふたをし、蒸し煮にする(5~10分)。
5 ふたを開けてしょうゆを回し入れ、かつお節を混ぜる。

切り干しチヂミ

**すりおろしたじゃがいもがポイント。
切り干しの自然な甘みと食感があとをひくおいしさ**

だから
作ってみたくなる!

さっと洗った切り干しは、ちょっと短めに切るのがコツ。そのほうが焼きやすく、食べやすいです。おろしたじゃがいもでもちもち食感に。

材料(2人分)

切り干し大根……30g
水……100㎖
じゃがいも(すりおろし)……1個
A 小麦粉……大さじ4
　青ねぎ(小口切り)……適量
　桜えび(あれば)……適量
　塩……少々
ごま油……適量
しょうゆ……お好みで

作り方

1 切り干し大根はさっと洗い、キッチンばさみで細かく切って水を混ぜる。
2 1にじゃがいもとAを加えて混ぜ合わせる。
3 フライパンを熱してごま油を入れ、2をスプーンですくって入れて広げ、両面こんがりと焼く。
4 器に盛り、お好みでしょうゆをかける。

豚肉とわかめのにんにく炒め

買い置きのカットわかめが主役。
にんにく&とうがらしがいい味を出す脇役をつとめます

材料（2人分）

カットわかめ……10g
豚肩ロース薄切り肉（ひと口大）……150g
A［片栗粉……小さじ1
　 しょうゆ……小さじ1
ごま油……適量
B［にんにく（粗みじん切り）……1かけ
　 赤とうがらし（輪切り）……適量
しょうゆ……少々

作り方

1 カットわかめは水に浸けてもどし、水けをきっておく。
2 豚肉とAをポリ袋に入れてもみ込む。
3 フライパンを熱してごま油を入れ、2の豚肉を炒める。
4 豚肉に火が通り、いい焼き色がついたら、1のわかめとBを加えて炒め合わせる。
5 味を見て足りないようなら、しょうゆで味を調える。

だから作ってみたくなる!

野菜がないとき、もどしたカットわかめが使えます。さっと炒めるだけで、ビタミン&ミネラルをたっぷりとれる一品になります。

時間がないときこその煮もの

コツは、フライパンで作ること、ぴったり閉まるふたをすること

時間がないときに煮ものなんて……と思うでしょ？　違うんです。確かに煮ものは時間がかかりますが、煮ている間に別のことができるので、むしろ忙しいときには効率がいいのです。最初に煮ものから作り始めること、この順番は大事ですよ。

煮ものを失敗なく作るコツは、フライパンで作ることと、ぴったり閉まるふたをすること。フライパンは底面積が広いので具材が重なり合わず、均一に煮えるのと、炒めやすく洗いやすいのがメリットです。少ない煮汁で蒸し煮にすることで、味がしっかりからみます。そのためにはぴったり閉まるふたはマストです。

肉にいい焼き色がついたらねぎを入れてさっと炒め、豆腐をのせる

オイスター肉豆腐

オイスターソースで深みのあるおいしさ。
さっと作れるのに、しっかり味が決まります

材料（2人分）

豚肩ロース薄切り肉（ひと口大）……150g
A 片栗粉……小さじ1
A しょうゆ……小さじ1
ごま油……適量
長ねぎ（斜め切り）……1本
豆腐（ひと口大）……1丁
B 砂糖……小さじ1
B オイスターソース……大さじ2
B 水……50mℓ
七味とうがらし……お好みで

作り方

1 豚肉とAをポリ袋に入れてもみ込む。
2 フライパンを熱してごま油を入れ、1の豚肉を炒める。
3 肉にいい焼き色がついたらねぎを入れてさっと炒め、豆腐とBを入れたらひと混ぜし、ふたをして弱火で蒸し煮にする（5〜10分）。
4 器に盛り、お好みで七味とうがらしをふる。

だから
作ってみたくなる!

豆腐の水分を使って蒸し煮にするのがコツ。オイスターソースで味つけすることで、失敗なくコクのある味に仕上がります。

鶏と大根のゆずこしょう煮

**シンプルな塩味で鶏肉と大根を蒸し煮にし、
最後にゆずこしょうでパンチをきかせて**

材料（2人分）

鶏もも肉（ひと口大）……1枚
塩……小さじ1/4
小麦粉……適量
オリーブ油……適量
大根（乱切り）……1/3本（300gくらい）
A
- 水……100ml
- 昆布（1×5cmのもの）……1枚（あれば）
- 塩……小さじ1/2

B
- ゆずこしょう……小さじ1/2
- みりん……小さじ1

ゆずの皮（せん切り）……お好みで（あれば）

作り方

1 鶏肉と塩をポリ袋に入れてもみ込み、小麦粉をまぶす。
2 フライパンを熱してオリーブ油を入れ、1の鶏肉を皮目のほうからじっくり焼く。
3 カラッと香ばしく焼けたらひっくり返し、大根を入れて炒め合わせる。
4 大根に油が回ったら、A（昆布はキッチンばさみで細く切る）を入れ、ふたをして弱火で蒸し煮にする（10〜15分）。
5 大根がやわらかくなったらふたを開け、火を強めて煮つめて、味をからめる。
6 煮汁がなくなったら火を止め、Bを合わせたものを混ぜる。ゆずの皮があれば、せん切りにしてお好みで散らす。

だから
作ってみたくなる!

大根は乱切りにすることで、早くやわらかくなり、味もうまくしみ込みます。最後は煮汁がなくなるまで煮つめて、しっかり味をからめるのがコツ。

キャベツのミートソース煮

余ったキャベツを一気に料理。
ご飯やパンにのせても美味!

材料(2人分)

豚ひき肉……150g
A［塩……小さじ1/4
　 にんにく(すりおろし)……1かけ
玉ねぎ(横薄切り)……1/2～1個
ケチャップ……大さじ4
キャベツ(ザク切り)……1/4個
水……100㎖
しょうゆ……大さじ1
ピザ用チーズ(お好みで)……適量

作り方

1 豚ひき肉とAをフライパンに入れ、混ぜながら火にかける。
2 ひき肉に火が通ったら玉ねぎを入れて炒め、玉ねぎがしんなりしたらケチャップを入れてさらに炒める。
3 キャベツと水を入れてひと混ぜし、ふたをして弱火で蒸し煮にする(10～15分)。
4 キャベツがクタッとなったらしょうゆで味を調え、お好みでピザ用チーズを入れる。

だから作ってみたくなる!

ケチャップを入れて炒めることで、コクが増し、ワンランク上のおいしさになります。もしあれば、きのこやトマトをプラスしても。

コスパ抜群のゆで豚料理

豚肉をしゃぶしゃぶすれば主菜とスープが一気に完成

　時間がないときは、頭を使ってかしこく料理。私のおすすめはゆで豚です。とりあえず鍋に水を入れて火にかけ、その間にたれを作って、合わせる野菜の準備。湯が沸騰したら豚肉をしゃぶしゃぶして、直接たれにイン。ゆでた肉をざるにあげる必要はありません。味は冷めるときにしみるので、これでバッチリ肉の中まで味が入り、パサつく心配もなし。

　さらに、ゆでるのに使った湯は、豚肉の旨みが溶け出しているので、さっと火の通る具材を入れてスープに。

　はい、これで献立の完成！　パチパチパチ。

ゆで汁利用のスープ

ゆで豚ときゅうりのピリ辛あえ

だから
作ってみたくなる!

きゅうりはあらかじめ少し塩をしておくことで、豚肉と合わせたときに、すぐにたれの味となじみます。

ゆで豚とキャベツの梅サラダ

さっぱりした梅ドレッシングをからめたゆで豚と、野菜いっぱいのごちそうサラダ

材料（2人分）

梅干し（8%塩分）……1～2個

A
- みりん……大さじ1
- 酢……大さじ1
- しょうゆ……小さじ1
- ごま油……小さじ1

キャベツ（ザク切り）……1/8個

塩……少々

豚肩ロース薄切り肉（しゃぶしゃぶ用）……150g

青じそ（細切り）……10枚

作り方

1. 鍋に豚肉をゆでる水を入れて火にかける。
2. ボウルに梅干しをキッチンばさみで細かく切って入れ、Aと混ぜておく。
3. キャベツと塩をポリ袋に入れ、袋の上からもむ。
4. 鍋の湯が沸騰したら、豚肉をしゃぶしゃぶし、すぐに2の中に入れて混ぜる。
5. 4に3のキャベツと、青じそを混ぜる。
6. 梅干しの種を取り除いて器に盛る。

だから作ってみたくなる!

梅干しはキッチンばさみで梅肉を切ると手軽です。梅干しの種は入れっぱなしでほかの材料を入れることで、種の周りの梅肉がうまく取れて混ざります。

ゆで豚ときゅうりのピリ辛あえ

しゃぶしゃぶした豚肉をピリ辛のたれにドボン。パリパリのきゅうりとあえて完成

材料（2人分）

A
- しょうゆ……大さじ2
- にんにく（すりおろし）……1かけ
- 豆板醤……小さじ1/2

きゅうり……2本

塩……小さじ1/4

豚肩ロース薄切り肉（しゃぶしゃぶ用）……150g

ごま油……適量

作り方

1. 鍋に豚肉をゆでる水を入れて火にかける。
2. ボウルにAを混ぜておく。
3. きゅうりはヘタを取り、ポリ袋に入れて麺棒などでたたいて砕いてから、塩をまぶして置いておく。
4. 鍋の湯が沸騰したら豚肉をしゃぶしゃぶし、すぐに2の中に入れてあえる。
5. 3のきゅうりは軽く水けをしぼって、4の豚肉と混ぜ、ごま油を回しかける。

コツ

豚肉をしゃぶしゃぶしたら、すぐにたれの中に入れる

ゆで汁利用のスープ

しゃぶしゃぶのゆで汁で作る、即席トマトのかき玉スープ

材料（2人分）

トマト（ざく切り）……1個

卵……1個

しゃぶしゃぶのゆで汁……適量

しょうゆ、塩……各適量

作り方

1. しゃぶしゃぶしたゆで汁にトマトを入れてさっと煮て、卵を溶いて回し入れる。
2. しょうゆ、塩でお好みの味に調える。

Column 5

フライパンのふたを甘く見てはダメ！

ぴったり閉まって重さのあるふたがベスト

フライパンのふた。はっきり言って、これはとっても大事です。何が大事かというと、ぴったり閉まるか閉まらないか。ぴったり閉まっていないと、素材がやわらかくなるのに、時間が倍以上かかるし、水分が煮つまって焦げつくリスクも高まります。

　では、どういうふたがいいかというと、フライパンのふちにぴったりはまり、ある程度重さがあるもの。ガラス製のものが手に入りやすいのでおすすめです。

　フライパンの上に置くだけで、どんな口径のフライパンにでも使える万能ふたは、一見、便利そうに思いますが、私はおすすめしません。重さがないので、ふた自身の重さでぴったり閉まらないし、使っている間にゆがみが生じてすき間ができ、そこから蒸気が逃げていく可能性が高いからです。

　できれば、ぴったり閉まるガラスのふたを使ってほしいですが、そうはいっても買うのはちょっと、という場合。そんなときは、ふたを自分でぎゅっと押さえてください。ずーっと押さえれば密閉度が上がり、それなりに上手に蒸し煮ができます。ほったらかしにはできませんが、焦げつかせたり、倍以上の時間がかかるよりはいいかなと思います。

Column 6

「作り置き」より「手間のストック」！

簡単にパパッと作って食べるほうがごちそう

常備菜があれば、何も作りたくないときに、ささっと出すだけですぐに食べられて重宝します。それは確かにそうだと思います。けれど、常備菜を作るために休日の時間がつぶれているのだとしたら、あるいは、何かの時間を犠牲にして常備菜を作っているのだとしたら、それって、本当にラクしてる？って私は思うんです。結局同じだけ時間を使っているなら、作り置きなどせず、パパッと簡単に作って食べるほうが簡単じゃないですか？

けれど、疲れているとき、やる気の出ないとき、料理を一から作るのがとてつもなく大変なときもあるわけで……。私が、そういうときのために準備しておくのが、下味をつけておくとか、すぐに食べられるものを買い置きしておくとか。つまり手間のストックです。

しつこいようですが、ストックをするために時間や手間をかけるのは本末転倒です。何かのついでにパパッとできるようなことでないと、ちっともラクじゃない。

私がしている手間のストックは、例えばみそ汁の具材に自家製の冷凍野菜を作っておくこと（24ページ余熱利用のみそ汁）や、魚をマリネしておくこと（72・73ページ甘塩鮭のみそ漬け、生鮭の塩漬け）。魚のマリネなら2分もあればでき、これがあれば焼くだけで魚料理が完成。しかも手がかかっているように見えるので、ごちそうになる。かけた手間より幸せが大きいっていうのがミソです。

缶詰や乾物を買い置きするのも、ある意味、手間のストックです。簡単に体にいいものを作れる心強い味方です。

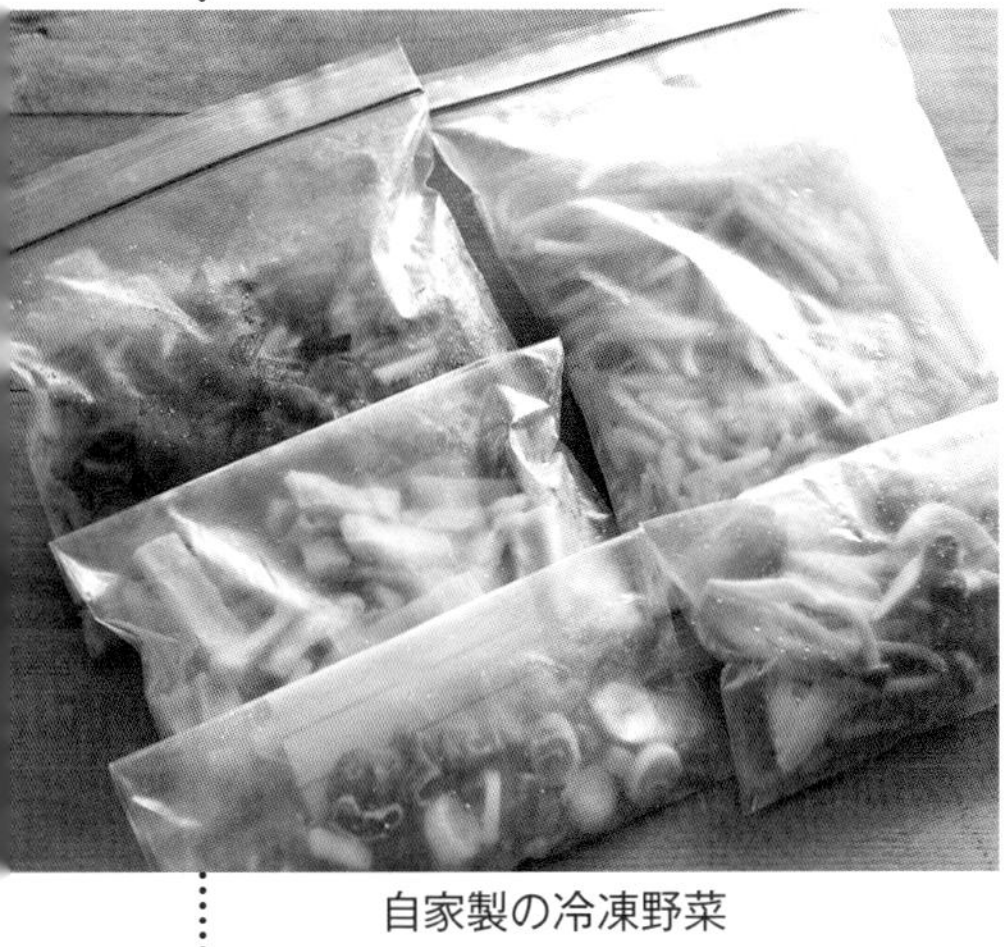

自家製の冷凍野菜

第4章

料理が思い浮かばないときこそ、作ってみたくなるレシピ

繰り返し食べても飽きない定番料理をいくつか決めておく

今日作る料理が、何にも思い浮かばないってこと、ありますよね。

そんなときは、友人に「今日何を作るの？」って聞いてみたり、家族に「何食べたい？」って聞いてみたり。それで、うまい具合に、「じゃあ、それにしよう！」って思えたらいいんだけれど、いつもそううまくはいかないもの。料理名を聞いても、な～んかピーンとこないときが、結構あるんですよ。「食べたいもの」と「作りたいもの」と「作れるもの」との間には、見えない高い壁が立ちはだかっているのです。

やる気を振り絞って作ってみても、ピンときていない料理は、やっぱりな～んか違う結果になって、ますます、何だかな～って気持ちになる。これは負の連鎖です。

そんなとき、私はどうするか。私は、そういうときに作る料理をいくつか決めているんです。

我が家の定番は、焼き鳥、ハンバーグ、グラタン、ホイル焼き、中華丼。これらの料理に共通することは、料理名だけで、できあがりの味が想像できること。ゴールが見えていると、そこに向かって進めばいいので、あまり深く考えずに作っても、失敗するリスクがありません。しかも、こういう〝ザ・定番〟は、繰り返し食べても飽きない。これ大事です。しかも繰り返し作っていると、本当に何にも考えずに作れるようになるので、そうなったら、本当に楽ちんになります。

料理が思い浮かばないっていうとき、メイン料理じゃなく、あと一品が考えられないという場合もありますね。

とりあえず、もう一品何かっていうのなら、私は酢のものだと思います。酢のものは食欲増進にもなるし、健康にもいい。もずく酢を使えば、簡単に作れますよ。

少し食べ応えのあるものが、もう一品欲しいときは、厚揚げやちくわ、さつま揚げ、はんぺん、ハム、ソーセージ、ツナ缶といった手軽なたんぱく質食材を使うのがおすすめ。そのまま食べてもおいしいように味がついているので、味つけの失敗がないし、旨み出し食材としても優秀です。ご飯が足りないときはじゃがいもが役に立つし、大量に野菜を食べたいというとき、私はささっと煮びたしを作ります。

料理が何にも思い浮かばないとき、自分の背中をおしてくれるきっかけは、案外身近なところにあるような気がします。

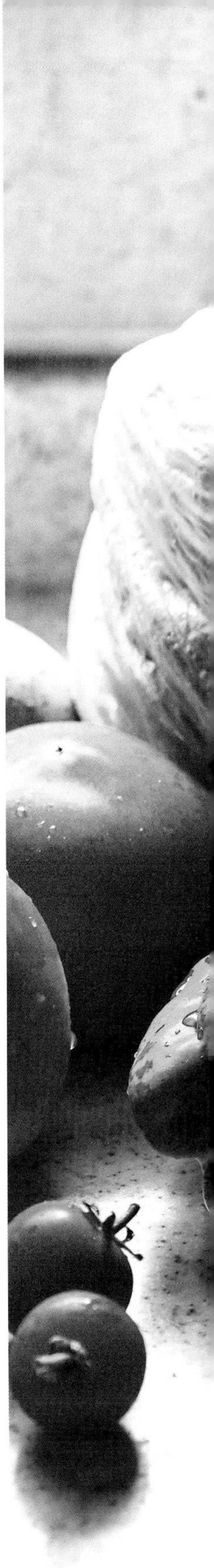

“もう一品”の最強の味方は、もずく酢のもの

手がかかっているふうだし野菜も食べられお得気分

もう一品欲しいとき、私なら酢のものをプラスします。酸味は食欲を増進させてくれるし、どんな料理にも合うし、何より酢は体にいい。とはいえ、合わせ酢を作るのがひと手間って思うでしょ？ そこは市販の「もずく酢」をちゃっかり使っちゃうんです。もずくが漬かっている甘酢をそのまま、酢のものの合わせ酢にしちゃおうというわけ。もずく酢をそのまま食べるより、手がかかっているふうで、しかも甘酢の味でほかの野菜も食べられる。わくわく得した気分です。

えのきともずくの酢のもの

味がしっかりついている市販のもずく酢は重宝。
2つの食感がよくなじみツルツル食べられます

コツ

電子レンジで加熱したえのきにもずく酢をかけるだけ

だから作ってみたくなる!

えのきはレンジ加熱すると甘みが増すので、レモン汁を加えてさっぱりさせるのがコツ。

材料（2人分）

えのきだけ……1袋（200g）
もずく酢……2パック
レモン汁、または酢……大さじ1

作り方

1 えのきは石づきを取り、長さを半分に切って耐熱ボウルに入れ、ラップをして電子レンジ（600W）で2分加熱する。
2 1にもずく酢とレモン汁、または酢を混ぜる。

だから
作ってみたくなる!

酸っぱいトマトも甘酢でおいしくなります。トマトのリコピンは油といっしょに食べることで吸収率がアップするのでオリーブ油を入れました。

トマトもずくの甘酢マリネ

和風のような、イタリアンふうのような、
中華や韓国料理にも合いそうな万能マリネ

材料(2人分)

トマト(ひと口大)……1個
もずく酢……1~2パック
オリーブ油……適量

作り方

すべてを混ぜる。

だから
作ってみたくなる!

「春雨の中華サラダ」の春雨の代わりにもずくを。簡単でヘルシーになって、言うことなし。

もずくとハムの中華サラダ

きゅうりとハムにいい具合の〝とろみ〟がつ[illegible]、
これはちょっとプロの味!?

材料(2人分)

きゅうり(細切り)……1本
ハム(細切り)……2~3枚
もずく酢……1~2パック
しょうが(すりおろし)……適量
ごま油……適量

作り方

すべてを混ぜる。

困ったときのいも頼み。じゃがいもで一品

チンするだけであれこれ使えて
おなかいっぱいになる

ご飯がちょっと足りないときや、もう少しおなかにたまるものが欲しいとき、活躍するのがじゃがいも。電子レンジ加熱するだけで、すぐに食べられるのもうれしいですね。レンジ加熱するときは、切らずに丸ごとラップをして、加熱するのがコツです。切らずに加熱するほうが加熱ムラがなく、ねっとり食感に仕上がります。加熱時間はじゃがいも100g当たり2分（600W）が目安。とりあえず、レンジ加熱しちゃえば、あとはいろいろ使えます。そのまま塩とバターで食べてもおいしいし。

炒め豚じゃが

大幅時短と衝撃的なおいしさ。
煮込まない〝肉じゃが〟が食卓に新風を吹き込む

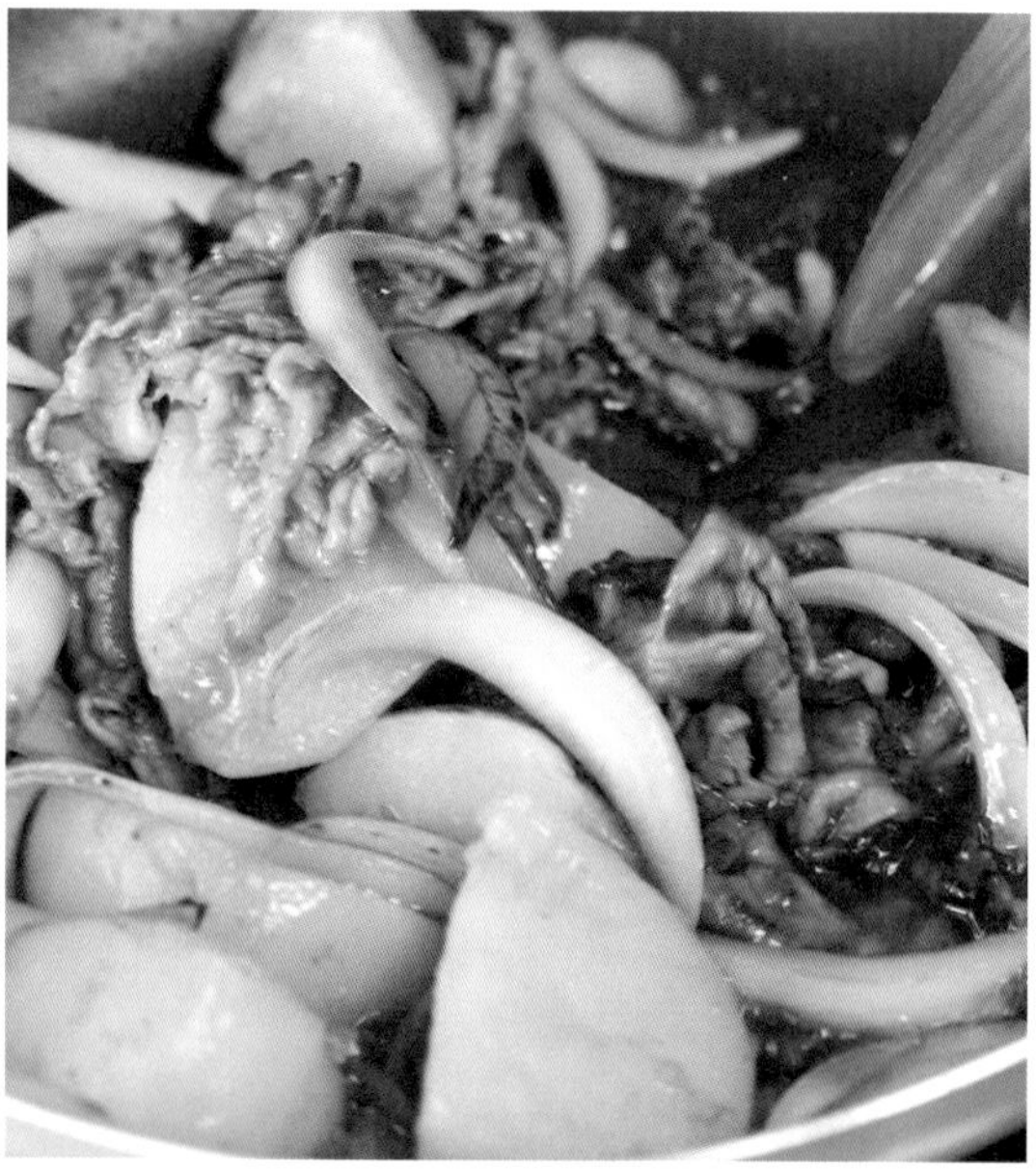

調味料を混ぜたものを回し入れ、全体にからめる

コツ

じゃがいもは皮をむき、丸のままラップをして、電子レンジ（600W）で加熱する（100gにつき2分が目安）

材料（2人分）

じゃがいも……2個（300g）
豚肩ロース薄切り肉（ひと口大）……150g
A ┌しょうゆ……小さじ1
　└片栗粉……小さじ1
オリーブ油……適量
玉ねぎ（くし切り）……1/2個
B ┌砂糖……大さじ1
　│しょうゆ……大さじ2
　└みりん……大さじ2
かつお節……1パック（4g）

作り方

1 じゃがいもは皮をむき、丸のままラップをして、電子レンジ（600W）で6分加熱する（100gにつき2分を目安に）。
2 豚肉とAを、ポリ袋に入れてもみ込む。
3 じゃがいもの加熱が終わり手で触れるくらいの熱さになったら、食べやすい大きさに切る。
4 フライパンを熱してオリーブ油を入れ、3の豚肉を炒める。豚肉に火が通り、いい焼き色がついたら、玉ねぎを入れて炒める。
5 玉ねぎに火が通り、透き通った感じになったら、2のじゃがいもを入れて炒める。
6 5にBを混ぜたものを回し入れ、全体にからめる。
7 火を止め、かつお節を混ぜる。

**だから
作ってみたくなる!**

チンしたじゃがいもに、甘辛味をからめることで、こっくりと煮たような味わいに。最後に入れるかつお節が、かつおのだし代わり。

だから
作ってみたくなる!

チンしたじゃがいもは、ラップをしたままつぶすのがコツ。洗い物が増えないだけでなく、つぶす瞬間、ちょっとわくわくするんです。ケチャップをかけてもおいしい!

コツ

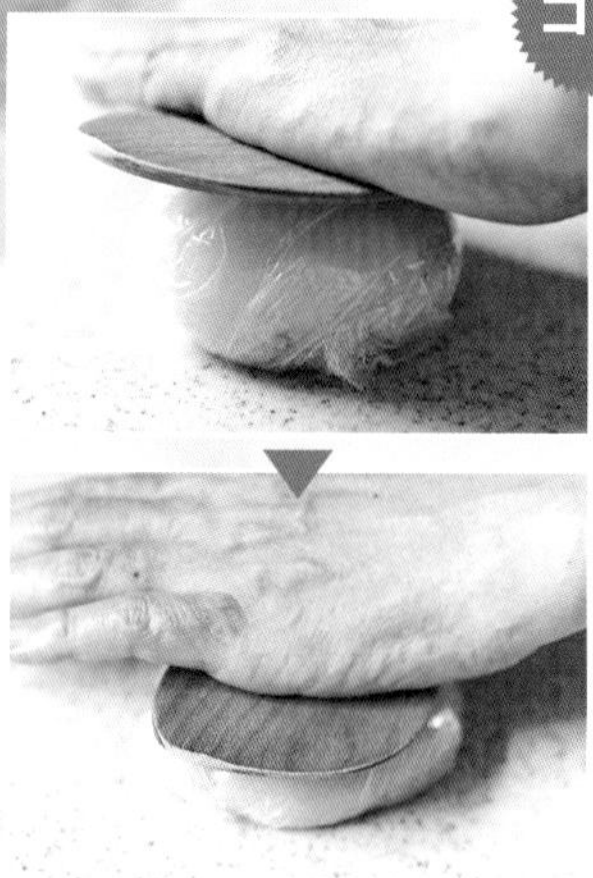

電子レンジでチンしたじゃがいもをラップの上から木べらでつぶす

じゃがいもとツナのグラタン

ホワイトソースいらずで簡単。
じゃがいも×牛乳のコクに、ツナの旨みがマッチ

材料(2人分)

じゃがいも……2個(300g)
ツナ缶(油漬け)……小1缶
牛乳……少々
ピザ用チーズ……適量
塩、こしょう……各少々
パセリ(みじん切り)……お好みで

作り方

1 じゃがいもは皮をむき、丸のままラップをして、電子レンジ(600W)で6分加熱する(100gにつき2分を目安に)。
2 じゃがいもをつぶしてラップをはずし、ツナ缶(油ごと)、牛乳、ピザ用チーズ、塩、こしょうを混ぜる。
3 耐熱容器に入れ、さらにピザ用チーズをのせ、オーブントースターでいい焼き色がつくまで焼く。お好みでパセリを散らす。

みそ味ベイクドポテト

**自然のままの皮の風味と、中のほくほく感。
じゃがいものすべてをトコトン味わえます**

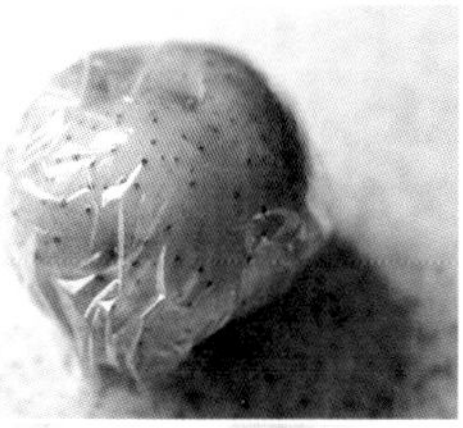

コツ

じゃがいもはきれいに洗い、皮ごとラップに包んで電子レンジ（600W）で加熱する（100gにつき2分が目安）

だから
作ってみたくなる!

チンしたじゃがいもを、もう一度フライパンで焼くと、表面はカリッ、中はもっちり。甘辛のみそをからめたら、いくらでも食べられるおいしさ。

材料（2人分）

じゃがいも……2個（300g）
オリーブ油……適量
A
- みそ……大さじ1
- みりん……大さじ1
- 砂糖……小さじ1

作り方

1 じゃがいもはきれいに洗い、皮ごと丸のままラップをして、電子レンジ（600W）で6分加熱する（100gにつき2分を目安に）。
2 じゃがいもが手で触れるくらいの熱さになったら、食べやすく切る。
3 フライパンを熱してオリーブ油を入れ、2のじゃがいもを転がしながら焼く。
4 全体にいい焼き色がついたら、火を止めてAを入れ、フライパンの中でからめてから火をつけ、水分をとばしながら全体に味をからめる。

主菜がボリューム不足のときは厚揚げ・練りものが使える

ちょっと食べ応えがあるものでチャチャッと一品

主菜のボリュームがちょっと足りない。あともう一品、少しだけ食べ応えのあるものが欲しいけど、何を作ればいいのか思い浮かばない……。

そんなときは、厚揚げ、ちくわ、さつま揚げといった、ちょっと食べ応えもあるようなものをプラスするのがおすすめ。さっと焼くだけ、炒めるだけ、あえるだけで一品完成しちゃう手軽さもいいですね。頑張らないで、チャチャッと作ったものは、食べるのも気楽で、それがまたよかったりするんです。

厚揚げのレンジ甘辛煮

レンジでチンし、かつお節をからめるだけ。よく煮含めたような味わいに驚きです

電子レンジで加熱した厚揚げにかつお節を混ぜる

材料（2人分）

厚揚げ（1㎝厚さ）……1丁（200g）

A
- しょうゆ……大さじ1
- みりん……大さじ1
- 砂糖……小さじ1

かつお節……1パック（4g）

しょうが（すりおろし）、七味とうがらし……お好みで

作り方

1 厚揚げとAを耐熱容器に入れてラップをし、電子レンジ（600W）で2分加熱する。

2 1を全体に混ぜてから、かつお節を混ぜる。

3 お好みで、しょうがと七味とうがらしをかける。

だから作ってみたくなる!

直接調味料をからめてチンすると、コトコト煮含めたような味になるんです。最後にからめるかつお節が決め手。

さつま揚げのチリソース炒め

かくし味ははちみつ。やさしい甘さのスイートチリで
〝いつもと違う〟さつま揚げに変身

材料（2人分）

さつま揚げ（食べやすく切る）……2枚
（小さいものなら4枚）
長ねぎ（小口切り）……1/4本
ごま油……適量
A ケチャップ……大さじ1
　はちみつ……小さじ1
　酢……小さじ1
　豆板醤……少々

作り方

1　フライパンを熱してごま油を入れ、さつま揚げと長ねぎを炒める。
2　1にAを混ぜたものを入れ、全体にからめる。

だから
作ってみたくなる!

タイやベトナムの魚のすり身料理のイメージ。甘くて酸っぱくて辛い味が合うんです。

ちくわのキムチあえ

ちくわ本来のぷりっとした食感を楽しむならこれ!
ご飯のお供にも、酒の肴にも

材料（2人分）

ちくわ（乱切り）……4本
白菜キムチ……適量
マヨネーズ……適量
ごま油……適量
青ねぎ（小口切り）……適量
いりごま……適量

作り方

すべてを混ぜ合わせる。

だから
作ってみたくなる!

ちくわを乱切りにするのがポイント。たこみたいな食感になるので、目をつぶって食べればたこキムチ。

野菜をがっつり食べたいときは煮びたし

フライパンで作れば、野菜に均一に味がしみ込む

外食が続いた日などに感じる野菜不足。そんなときは、自分で料理をして野菜をたっぷり食べたいと思うんです。でも野菜料理って、何を作れば？　そう思ったら、とりあえず煮びたしです。料理が簡単で、失敗がありません。

フライパンで作れば、底面積が広いので、たっぷりの野菜に味が均一にしみ込みます。ぴったり閉まるふたも大事です。ちくわ、ちりめんじゃこ、かつお節というような、旨みの出る食材をひとつ加えることで、だしを使わなくても旨みたっぷりに仕上がります。

白菜とちくわの煮びたし

余りがちな白菜も、蒸し煮にすると量が半減。
ちくわの旨みといっしょに召し上がれ

材料（2人分）

白菜……1/8株（200～300gくらい）
塩……小さじ1/4
ちくわ……4本
水……100mℓ
かつお節……1パック（4g）
しょうゆ……少々

作り方

1 白菜はザク切り、ちくわは縦半分に切ってから斜め細切りにする。
2 フライパンに白菜と塩を入れ、ざっくり混ぜてから、ちくわと水を加えてふたをして火にかける。白菜がクタッとなるまで5～10分煮る。
3 かつお節を混ぜ、味を見て足りないようならしょうゆを入れる。

だから作ってみたくなる!

ちくわの切り方がポイント。どこをつまんでもちくわが口に入るので、しっかり味がしみたようなおいしさを味わえます。

だから
作ってみたくなる!

レタスの外側のかたそうな葉っぱも、多少クタッとなったようなのも、煮びたしにすれば、全部おいしく食べられちゃいます。

レタスと油揚げのおひたし

葉っぱの部分によって食感いろいろ。
レタスのおひたしは新感覚のおいしさ!

材料（2人分）
レタス……200gくらい
油揚げ……1枚
A ┌水……100mℓ
　　└しょうゆ……大さじ1
かつお節……1パック（4g）

作り方
1　レタスは手でちぎるか包丁で食べやすい大きさに切る。油揚げは半分に切って1cm幅に切る。
2　鍋にレタス、油揚げ、**A**を入れ、ふたをして火にかける。
3　3～5分煮て、レタスがクタッとなったら火を止め、かつお節を混ぜる。

だから
作ってみたくなる!

ピーマンを手でつぶしてちぎる。これでびっくりするくらいやわらかく煮えるので、たくさん食べられます。包丁いらずなのもうれしい。

ピーマンとじゃこの煮びたし

ちりめんじゃこのほのかな塩けで、
ピーマンの甘さが引き立つあっさり風味の一品

材料（2人分）
ピーマン……4個
ちりめんじゃこ……10g
水……100mℓ
しょうゆ……少々

作り方
1　ピーマンは手で押さえてつぶし、ヘタと種を取ってから、食べやすくちぎる。
2　鍋にピーマン、ちりめんじゃこ、水を入れ、ふたをして蒸し煮にする。
3　ピーマンがやわらかくなったら、しょうゆで味を調える。

まったく料理が思い浮かばないときの〝これ!!〟を決めておく

そのとき家にある材料で作れる定番品を作る

何を作ればいいのか、まーったく思い浮かばない。そんな日もあります。私もよくあります。そんなとき、私は〝頭が真っ白になったらこれ〟という料理を決めていて、そのとき、家にある材料で作れそうなものを作ります。こういう料理は繰り返し作るようになるので、今日はこれって決めたら、チャチャッと体が勝手に動いて作れちゃうのがいいところ。家族も、今日はそういう日ねって思って何にも言いません。我が家の定番料理っていうのは、こうやってできあがっていくのかもしれませんね。

くしなし焼き鳥

炒めるのではなく、皮目からこんがり〝焼く〟。
〝うまい焼き鳥〟に仕上がる焼き方をご紹介!!

皮がかりっと焼けたら、ひっくり返し、反対の面も焼く

材料（2人分）

鶏もも肉……1枚
塩……小さじ1/4
小麦粉……適量
長ねぎ（ぶつ切り）……2本
オリーブ油……適量
塩……適量
七味とうがらし、
粗びき黒こしょう、
粉山椒……お好みで

作り方

1 鶏もも肉は食べやすい大きさに切り、塩をもみ込み、小麦粉をまぶす。
2 フライパンを熱してオリーブ油を入れ、長ねぎをこんがりと焼いて取り出す。
3 空いたフライパンにオリーブ油を足し、1の鶏肉を皮目から入れてじっくり焼く。
4 皮がかりっと焼けたらひっくり返し、反対の面も焼き、塩をふって器に盛る。
5 フライパンに2の長ねぎを戻し入れ、鶏から出た脂をからめ、塩をふって4に添える。
6 お好みで七味とうがらし、こしょう、粉山椒などをかける。

だから 作ってみたくなる!

鶏肉に小麦粉をまぶして焼くと、失敗なくカリカリに焼けるんです。ホットプレートで焼きながら食べるのも楽しいです。

鶏ときのこのグラタン

**こんがり焼いた鶏肉や、きのこの旨み、チーズのコク。
おいしさを凝縮したバターがなくてもできるグラタンです**

材料（2人分）

鶏もも肉（ひと口大）……1枚
塩……小さじ1/4
小麦粉……大さじ1
オリーブ油……大さじ1
玉ねぎ（薄切り）……1/2個
しめじ（小房に分ける）……1パック
A［塩……小さじ1/4
　 水……50mℓ
B［牛乳……200mℓ
　 片栗粉……大さじ1
ピザ用チーズ……適量
粗びき黒こしょう……適量
パセリ……適量

作り方

1 鶏もも肉は食べやすい大きさに切り、塩をもみ込み、小麦粉をまぶす。
2 フライパンを熱してオリーブ油を入れ、鶏肉を皮目から入れてこんがりと焼く。
3 おいしそうな焼き色がついたらひっくり返し、玉ねぎとしめじを加えてさっと炒め合わせ、Aを入れてふたをして煮る。
4 5分ほど煮たら、Bを混ぜて入れ、とろみがついたらチーズとこしょうを混ぜ、耐熱容器に移す。
5 さらに上にチーズをかけ、オーブントースターで焼き、仕上げにパセリをふる。

だから
作ってみたくなる!

牛乳＋片栗粉、これでホワイトソースの完成。できあがったソースの中にピザ用チーズを混ぜるのがコツです。これでソースにコクがプラスされ、バターなしでもおいしく仕上がります。

トマトソースハンバーグ

**甘さや酸味などトマトのおいしさをたっぷりまとった
目にもおいしいハンバーグ**

材料（2人分）

玉ねぎ（粗みじん切り）……1個（150gくらい）
塩……小さじ1/4
片栗粉……大さじ1
豚ひき肉……150g
A ┌しょうゆ……大さじ1
　└こしょう……適量
オリーブ油……適量
トマト（ザク切り）……1〜2個
B ┌ケチャップ……大さじ1
　└ウスターソース……大さじ1

作り方

1 玉ねぎと塩をポリ袋に入れてもみ、しんなりしたら片栗粉を混ぜる。
2 1にひき肉とAを加えて混ぜる。
3 2の袋をキッチンばさみで切り開き、4等分にして丸める。
4 フライパンを熱してオリーブ油を入れ、3を入れて両面こんがり焼いたらトマトを入れ、ふたをして蒸し焼きにする。
5 5分ほどしてハンバーグに火が通ったら器に盛る。
6 フライパンに残ったトマトにBを入れて混ぜ、ハンバーグの上からかける。

だから
作ってみたくなる!

玉ねぎは炒めず塩もみ。片栗粉をまぶすことでしっかりひき肉と混ざります。焼くときは、トマトを入れ、トマトの水分で蒸し焼きにすることで、ふっくらと仕上がります。さらにフレッシュトマト入りのソースが病みつきになるおいしさです。

コツ

キッチンばさみで袋を切り開き、4等分にして丸める

ハンバーグを両面こんがり焼いたら、トマトを入れ、ふたをして蒸し焼きにする

お好みホイル焼き

包んでワイワイ、焼いてわくわく、
開けてうれしい大当たり。
笑顔が広がるメニューです

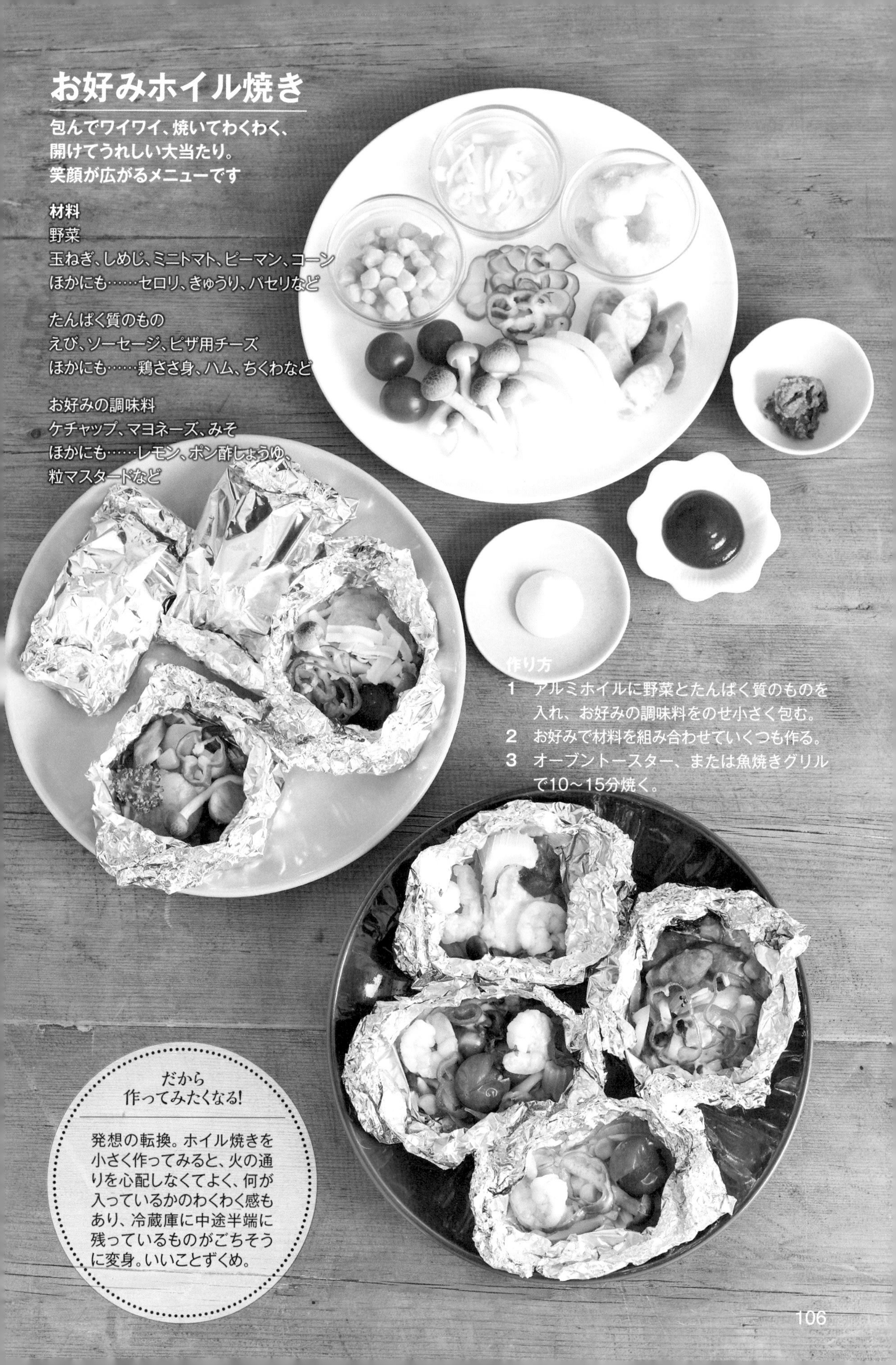

材料

野菜
玉ねぎ、しめじ、ミニトマト、ピーマン、コーン
ほかにも……セロリ、きゅうり、パセリなど

たんぱく質のもの
えび、ソーセージ、ピザ用チーズ
ほかにも……鶏ささ身、ハム、ちくわなど

お好みの調味料
ケチャップ、マヨネーズ、みそ
ほかにも……レモン、ポン酢しょうゆ、
粒マスタードなど

作り方

1 アルミホイルに野菜とたんぱく質のものを入れ、お好みの調味料をのせ小さく包む。
2 お好みで材料を組み合わせていくつも作る。
3 オーブントースター、または魚焼きグリルで10～15分焼く。

だから
作ってみたくなる!

発想の転換。ホイル焼きを小さく作ってみると、火の通りを心配しなくてよく、何が入っているかのわくわく感もあり、冷蔵庫に中途半端に残っているものがごちそうに変身。いいことずくめ。

二宝菜中華丼

肉と野菜たった2つで、
大満足の丼物がスピーディーに完成

材料（2人分）

豚肩ロース薄切り肉（ひと口大）……150g

A
- 片栗粉……小さじ1
- しょうゆ……小さじ1

ごま油……適量

白菜（ザク切り）……1/8個

B
- しょうが（すりおろし）……1かけ
- 水……大さじ1～2

C
- 水……100㎖
- オイスターソース……大さじ2
- 片栗粉……小さじ1

青ねぎ（小口切り）……適量

ご飯……茶碗2杯

作り方

1 豚肉をポリ袋に入れ、Aを入れてもみ込む。

2 フライパンを熱してごま油を入れ、1の豚肉を炒める。

3 いい焼き色がついたら、白菜を入れてさっと炒め合わせ、Bを入れてふたをし、弱火で5～10分蒸し煮にする。

4 3にCを混ぜたものを入れ、全体に混ぜる。

5 器に盛ったご飯に4をかけ、青ねぎを散らす。

だから
作ってみたくなる!

八宝菜ならぬ二宝菜。材料2つで作ってみたら、本当に簡単になります。豚肉と野菜を蒸し煮にして、片栗粉入りの調味料で仕上げるだけ。野菜は白菜でももやしでも、きのこを入れても。食べるときにからしと酢を混ぜたものをかけてもおいしいですよ。

材料別 INDEX

奥薗壽子（おくぞの　としこ）

家庭料理研究家。京都府出身。要らない手間を省いた簡単、おいしい、体にやさしい家庭料理を提唱。ズボラと称しつつも素材や旨みを活かし、野菜や乾物を上手に使う家庭料理のカリスマとして絶大な信頼を得ている。その簡単で質の高い健康レシピは、医学関係者からも高く評価され、日々の家庭料理が健康を支える大切さを発信している。主な著書に『スープジャーのお弁当』（世界文化社）、『奥薗壽子の超かんたん！ 中性脂肪を落とす［楽うま］健康ダイエットレッスン』（PHP研究所）、『水煮缶で健康になる！』、『みそ汁で健康になる！』（ともに学研）などがある。

奥薗壽子オフィシャルサイト　なべかまぺえじ
https://www.nabekama.jp

Staff
デザイン：清水信次（スタジオパラム）
撮影：三東サイ
スタイリング：山田晶子
校正：聚珍社
編集協力：島上絹子（スタジオパラム）、西村 泉
企画・編集：岡田好美（学研プラス）

ちょっと作ってみたくなる
大人のかしこい手抜きごはん

2020年10月7日　第1刷発行
2020年12月3日　第2刷発行

著　者	奥薗壽子
発行人	中村公則
編集人	滝口勝弘
発行所	株式会社　学研プラス 〒141-8415　東京都品川区西五反田2-11-8
印刷所	大日本印刷株式会社
DTP	株式会社グレン

●この本に関する各種お問い合わせ先
本の内容については、下記サイトのお問合せフォームよりお願いします。
https://gakken-plus.co.jp/contact/
在庫については　Tel 03-6431-1250（販売部）
不良品（落丁、乱丁）については　Tel 0570-000577
学研業務センター　〒354-0045　埼玉県入間郡三芳町上富279-1
上記以外のお問い合わせは　Tel 0570-056-710（学研グループ総合案内）